HYOGO 山・城跡・街道・川辺を歩こう

佐用《さよう》ハイキング 34コース

佐用ハイキングコース選定の会・編著

目次

山コース

山城コース

山丘コース

県境トレール

地図凡例

- 県境
- 市境
- 河川
- コース
- 有料道
- 自動車道
- 線路
- サブコース
- 駅
- 373 国道
- 368 県道
- ▲ 山頂
- 三角点
- ⛩ 神社
- 卍 寺
- 城跡
- 学校
- P 駐車場・駐車スペース
- 道の駅
- ビューポイント
- 範囲
- 池

佐用町位置図
鳥取県
京都府
佐用町
兵庫県
岡山県
大阪府
N
日名倉山
郷鴫山
宍粟市
高鉢山
船越山
モンキーパーク
至鳥取
ゆう・あい・いしい
武蔵の里
宮本武蔵駅
瑠璃寺
373
昆虫館
至鳥取
南光ひまわり館
釜坂峠
南光自然観察村
石井駅
ふれあいの郷
みうち若杉館
鳥取自動車道
智頭急行智頭線
宍粟市
庵川
佐用平福IC
行者山
至宍粟市
千種川
観音石仏
江川
明神岳
道の駅
宿場町
ひらふく
利神城跡
岡山県
美作市
安倍晴明塚
長谷川
蘆屋道満塚
平成福の市
平福駅
川端風景
至大阪
金山
乙大木谷棚田
平福陣屋門
至宍粟市
江川川
長谷寺
西はりま天文台
武蔵決闘の場
桜山川
矢原山
高山城跡
芦谷山
大撫山
スピカホール
佐用IC
杉坂峠
佐用JCT
田和の棚田
佐用都比売神社
至津山
展望テラス
徳久城跡
宝篋印塔
けんこうの里三日月
中国自動車道
南谷山
千種川
志文川
スポーツ公園
「若あゆランド」
佐用町役場
幕山川
美作土居駅
佐用駅
御殿山
佐用城
大イチョウ
本郷川
万能峠
ひまわりの丘
至岡山
早瀬廃寺
三日月藩乃井野陣屋館
JR姫新線
播磨徳久駅
味わいの里
三日月
三日月の大ムク
至新見
佐用川
萬ノ乢
179
新宿廃寺
ふれあいの里上月
179
上月駅
三日月駅
高倉山城跡
志文川
上月歴史資料館
角亀川
上月城跡
飯野山城跡
弓の木
たつの市
後山
笹ヶ丘荘
至姫路
笹ヶ丘公園
多賀登山
至姫路駅
久崎駅
西栗栖駅
向坂
浅瀬山城跡
大日山川
ひょうご環境体験館
千本駅
秋里川
千種川
三原南山
飛龍の滝
虚田山
播磨科学公園都市
SPring-8
373
播磨新宮IC
官公造林記念碑
至山陽自動車道
至JR山陽本線（大阪・岡山）
上郡町
至国道2号線（大阪・岡山）
大平峠
岡山県
備前市
空山

本書をお使いになる前に

・本書は、佐用町の協力のもと「佐用ハイキングコース選定の会」がコース選定を行いました。２０１３年7月から２０１5年３月の取材を基にまとめています。

・コースは、鉄道やマイカーで出かけて日帰りできるコースを前提に作成しています。事前に無理のない計画を立て、当日の天候を見てお出かけください。また、行き先を家族に伝えておきましょう。

・鉄道は本数が限られています。事前に時刻を確認してお出かけください。

・掲載したコースタイムはあくまでも目安で、休憩や見学時間を含んでいません。季節、天候、メンバー、人数などで所要時間が変わることが考えられます。十分に余裕を持って計画を立ててください。

・できるだけグループで出かけることをお勧めします。仲間で出かける場合でもリーダーを決めておきましょう。

・登山の場合は長袖、長ズボン、底のしっかりした靴と厚手の靴下、帽子が基本です。暑さ・寒さに対応できる繊維で作られた　下着に重ね着で調節できる服装をお勧めします。

・ゴミは持ち帰る、花や木は折ったり、掘り返したりして持ちかえらない、火気は禁止、獣害防護柵は開けたら必ず閉める、などマナーを守ってください。

・狩猟期（11月中旬～3月中旬）は目立つ服装でグループで入山し、狩猟者に出会ったら声を掛け、行き先を知らせるようにしましょう。

・マツタケシーズンには入山禁止の所があります。禁止区域内には入らないでください。

・車を林道に止める場合は、他車の通行の迷惑にならないように注意してください。

・コースは季節や天候によって様子が変わることがあります。道を外したと気付いたら、分かるところまで引き返して改めて進んでください。高山・低山にかかわらず無理な冒険は避けてください。

持ち物として必要なもの

目的地が記載されている地図（1／２５０００地形図）、磁石、雨具、タオル、軍手、弁当、飲み水、ナイロン袋、手帳、携帯　電話、簡単な医薬品、春・秋には防寒用の服、クマ避けの鳴り物、メンバーの緊急連絡先

あれば便利なもの

カメラ、懐中電灯、折り畳み傘、ナイフ、ロープ、おやつ

佐用町の最高峰で眺望を堪能

山コース

日名倉山《ひなくらさん》

奥海乢⬇35分⬇ベルピール駐車場⬇10分⬇林道分岐⬇40分⬇林道離脱点⬇5分⬇登山道⬇20分⬇一ノ丸⬇10分⬇二ノ丸⬇10分⬇山頂(三ノ丸)⬇30分⬇ベルピール駐車場⬇30分⬇奥海乢
【3時間10分】

地図：千草 1/25000

兵庫県と岡山県に跨がる日名倉山は、佐用郡、旧宍粟郡、英田郡を分ける三郡山でもある。秀麗な山容で、小学校校歌に歌われ、「美作富士」とも呼ばれるほど四周から目立ち、多くの人に親しまれている。

希望峠の碑

このあたりは、『播磨国風土記』の時代から「鉄《まがね》を出だす…」と記され、中世に名刀「備前長船」を生んだ千種鉄の地金を生産していた。日名倉山南麓ではタタラ遺跡が数多く見つかっている。

昔ながらのキャンプ場

車で、佐用の中心地から国道373号を北に向かい、上石井で県道556号へ入る。道なりに北進すること約10kmで奥海乢《おねみたわ》に着く。体力と時間がある人ならここから車道を標高差220m、約1・6kmを歩いてベルピール自然公園へ向かう。もちろん車で上がってもよい。日本最大級のベルを吊るした鐘楼の見学は帰りに回し、一息入れよう。

東へ向かう林道途中からは、眺望

上石井を流れる滝谷の清流

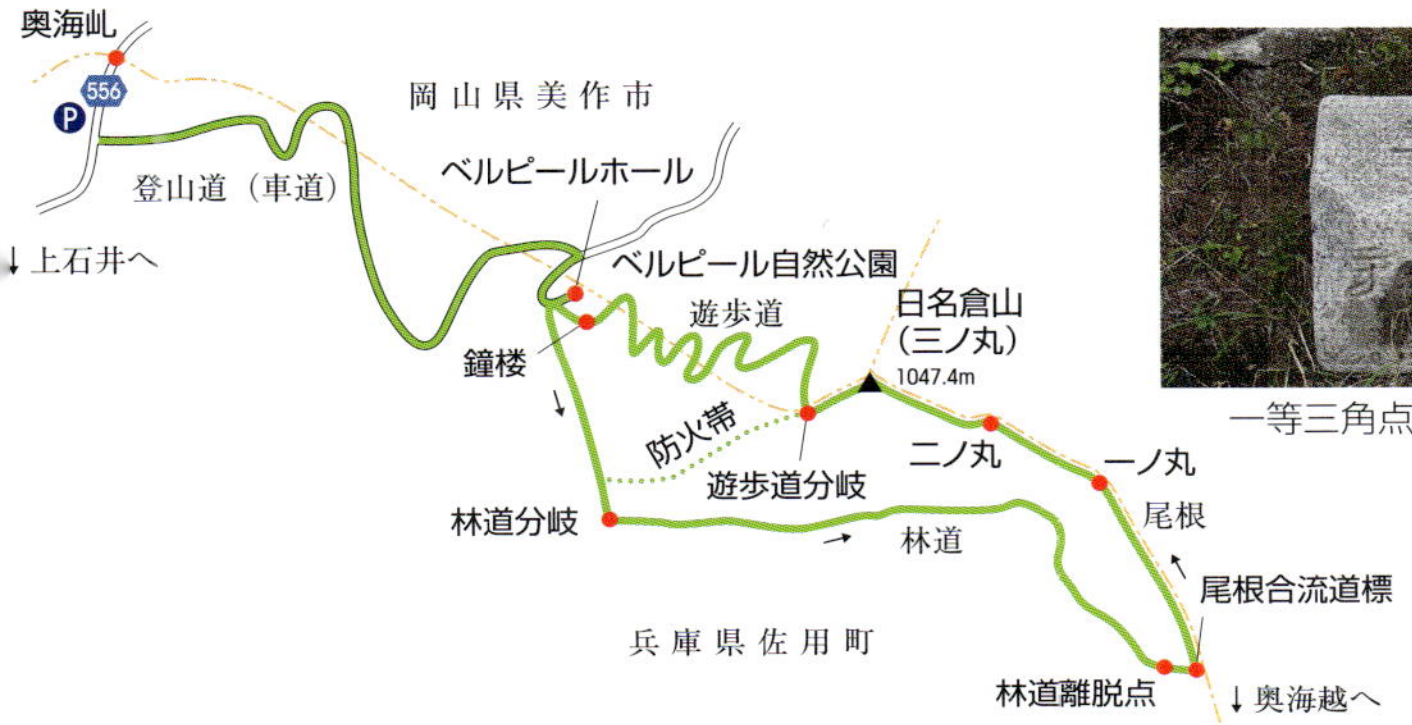

一等三角点「日名倉山」

を遮る高木がないので、眼下に佐用町全域が見え、対峙する郷鳴《ごうしき》山もすぐそこに見える。歴史ある船越山をはじめ、高鉢山、行者山、利神城など、たくさんのピークを捉えることができる。登頂意欲をかきたてる山々をチェックしておこう。

林道入り口に、後山集落の俯瞰図が設置されていて、家々までをも指呼することができる。林道に入って左手上が日名倉山頂で、場所によってはお喋りが聞こえて来そうなほど近い。しばらく歩いた先で出合う林道の二差は左手上を行こう。下は現在建設中で行き止まりになるので進入しない。

文化庁のふるさと文化財の森に指定されている「日名倉山茅場」

眺望の楽しみは、時間や天気によって様子が変化することだろう。このコースを登山ルートに選ぶ人は稀で、

俯瞰図の前から眺める後山山塊
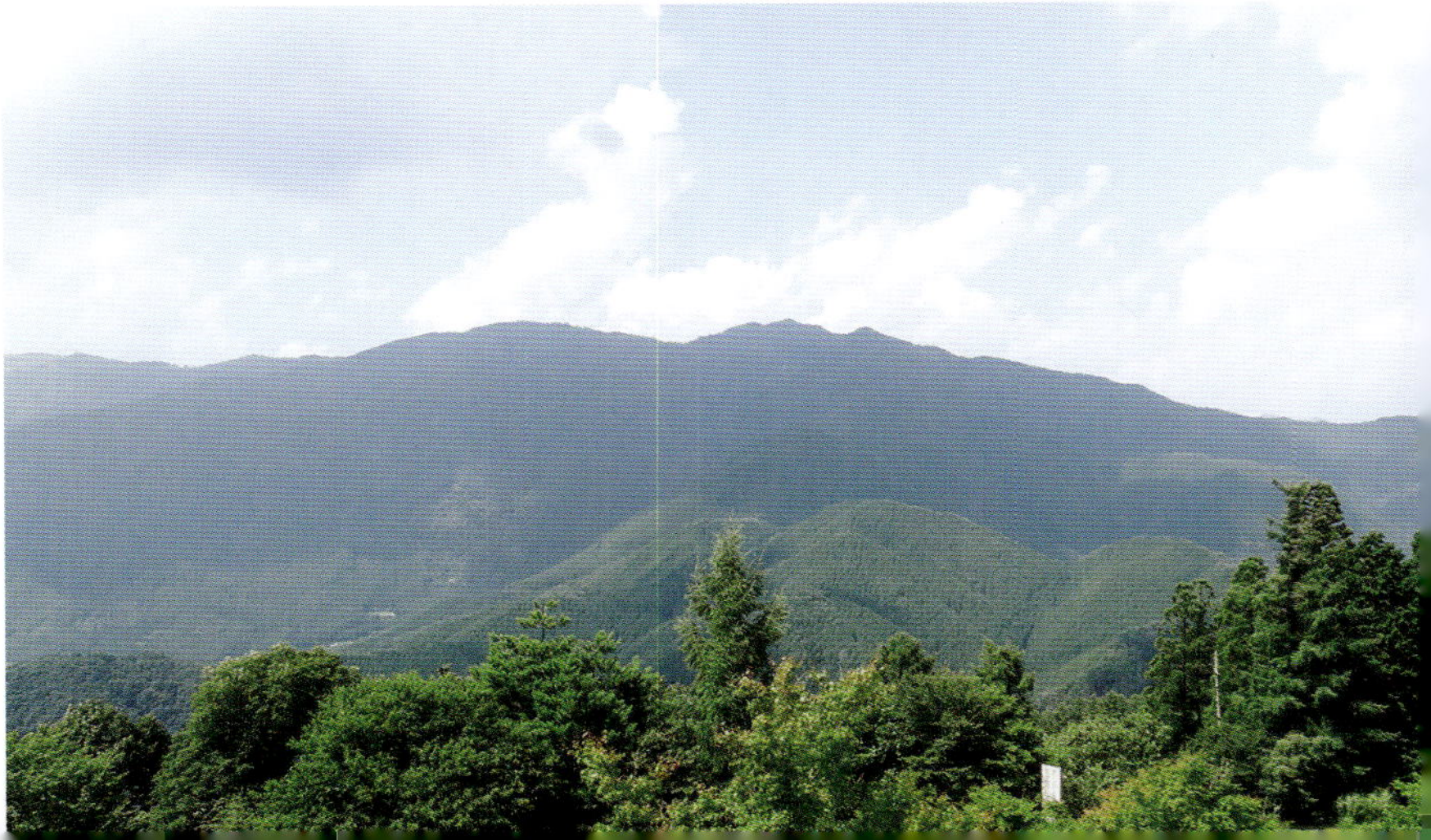

ヤマナシの花

車も通らないので独り占めの時間が楽しめる。周りの風景が変わり、成長した植林で道が暗く感じ始めたころ道標に出合い、従えば日名倉山山頂に繋がる登山道に出る。六合目（標高９２０ｍ）あたりになるのだろう。山頂へは左へ、尾根を登る。右へ下って行けば「奥海越」を経て千種町室に到る。

　ここまではほとんど水平移動であったが、ここから山頂までは標高差１２０ｍの傾斜を登ることになる。しばらく人工林の緩傾斜が続いて、人工林が切れるころ、地元で「一ノ丸」と呼ぶ、石柱が立つ明るい草付きに出る。

草付きの一ノ丸

　一息入れたら、次に着く「二ノ丸」には清楚な花を付けるヤマナシの木があり、秋には広いススキ原にも出合える。山頂への道は、台風の影響で一時コースが荒れたが、随分と歩きやすくなった。右手に雄大な宍粟《しそう》の景色を楽しみながら登れば、日名倉神社奥の院がある山頂に着く。

　一般に、山頂は「一ノ丸」と呼ばれるこ

日名倉山山頂

日名倉神社奥の院

とが多いが、地元では日名倉山の山頂を「三ノ丸」と呼んでいる。山頂には一等三角点（１０４７・４ｍ）、日名倉山の標高を記したポールなどが賑やかに鎮座している。

鐘楼と雄大なパノラマ

眺望は、北に大きな姿を見せる後《うしろ》山山塊、西の梢越しに那《な》岐《ぎ》山、南に佐用町を中心に宍粟市、美作市の山並みが幾重にも重なって見える。

気持ち良い涼風に吹かれながら昼食を終えたら、防火帯を下り始めよう。一時期、カラマツを防火帯の脇に植林した時期があったが、姿も悪く成長せずに消えてしまったのも多いようだ。

「母と子」像

途中で右に下りる遊歩道を行けばベルピールホールに繋がっている。遊歩道を行かず防火帯を下り切れば、往路に歩いた林道に出て、ベルピール自然公園に向かえばよい。

リュバンベールというフランス製の鐘を見学したり、西に広がる東粟倉の風景を楽しみ、奥海乢に向かう。時間があれば、売店のあるベルピールホールに寄ることにしよう。

誰でも鳴らすことができる
「リュバンベールの鐘」

日名倉山と対峙しながら眺望を楽しむ

山コース

地図：千草 1/25000

郷鳴山《ごうしきやま》

奥海乢⬇20分⬇日名倉山⬇40分⬇愛の村ビューポイント⬇20分⬇四等三角点(823・7m)⬇40分⬇「郷鳴山」道標(789m)⬇20分⬇ススキ展望地⬇55分⬇郷鳴山(784・3m)

【往路3時間15分】＊復路は往路と同じコース1時間50分

郷鳴山は、佐用町の最奥の峠・奥《おね》海《み》乢《たわ》を境にして日名倉山と尾根を分ける。山頂に向かう尾根は眺望が良く、日名倉山と対峙しながら進む。県境尾根からは県下第3位の後山山麓のスロープと、美作市東粟倉の家々が箱庭になって見える。アルプスのような大きな山岳風景とまでは言えないが、近在では目を引く風景である。春秋には〝山笑う〟〝山燃える〟景色も楽しめる。

郷鳴山を含む日名倉山山麓は、砂鉄製錬のタタラ遺跡が多数見つかっており、古くから人々が生活し往来した地であった。

登山口の奥海乢

出発点となる奥海乢へは佐用町上石井から奥海への県道556号を北上するか、宍粟市千種から国道429号で東粟倉を経由する方法がある。乢には、かつて若者が集い歌声の流れた「奥海乢キャンプ場」跡

愛の村ビューポイント

愛の村ビューポイントから後山の裾野の景色

が残っていて、郷愁を覚える。

道沿いの広場に駐車し、準備を終えたら、峠頂上の郷鴫山を案内する標識に従って山に取り付く。最近、美作市の東粟倉が観光の一環として、このあたりの雄大な景色を見せようと尾根の整備をし、「愛の村ビューライン」標識を設置している。キャンプ場跡を左に見て踏み込みを行くと、すぐに尾根に乗る。ビューラインの標識を追いながら高度を稼いでいると、植林の切れ間から日名倉山が姿を見せた。ここから先、時につけ日名倉山が追っかけてくる。ここにも平成16年の台風による人工林の倒木が見られたが、ビューライン整備で歩きやすくなった。傾斜もそれほど大きくなく、うっすらと汗をかき始めたあたりで清楚なエゴノキの花を見つけた。シーズンには所々で出合えそうだ。

標高819mの登りを頑張れば、愛の村ビューポイントに着く。眼

登山口からすぐの標識

下には、後山の裾野に点在する東粟倉の家々が広がり見応えがあるので、しばらく景色を楽しもう。対峙する後山から駒ノ尾山を繋ぐ尾根を行く登山者たちも捉えられそうだ。ここまではコースの整備が終わっているが、これから先は杣道に変わる。時おり平成16年の台風による倒木が足元を邪魔するが、20分ほどで点名「杉ノ奥」と呼ぶ四等三角点（標高823・7m）に着く。

　ここからのコースは倒木を避け、尾根から少し左下を歩く。踏み込みを注意しながら進めば標高789m地点に出る。ここで「郷鳴山」道標に出合い、左へ折れ、すぐに右に折れ、アップダウンの小さな尾根筋を行く。その先で北斜面が開け、一面ススキの原に変わり前方に日名倉山が大きく全容を見せてくる。「ごうしき山」標識を確認して踏み込みを追っていると、朽ちたネットが現れる。時々、行く手を邪魔するので、歩きやすい側を選びながら高度を稼いでピークに立つ。だが、このピークは前峰だった。気

784 mの頂上

四等三角点「杉ノ奥」

尾根から少し左下を歩く

を取り直して先に見える本峰に向かう。足元が良くないので落石に注意しながら登ろう。

　山頂の眺望は素晴らしい。正面に裾野を大きく広げた日名倉山に対峙できる自慢の山頂である。標高783・7mの三等三角点と記念撮影をし、ゆったりとした時間を楽しもう。

　復路は往路と同じコースを取るが、コースを外さないようポイントに注意しよう。愛の村ビューポイントで別れの眺望を楽しんだら奥海乢に向かう。下り立った奥海乢は「希望峠」とも呼ばれていた。戦後間もないころ、キャンプ場で夢を語り合った若者に、希望をもって飛躍してほしいとの願いが込められた「希望峠」の碑が立てられている。

山頂直下、秋にはススキに覆われる

白さが眩しいエゴノキの花

倒木が多いので歩行に注意

山頂から向かいに見える日名倉山

古刹山門から芦谷川沿いに登る

船越山《ふなこしさん》

地図：千草 1/25000

山コース

瑠璃寺山門駐車場⬇15分⬇芦谷口バス停⬇10分⬇山高演習林ハウス⬇20分⬇製錬跡⬇20分⬇作業道終点⬇20分⬇サブ尾根取り付き⬇20分⬇市町界離脱点⬇30分⬇船越山山頂⬇20分⬇千合地峠⬇35分⬇七野駐車場【3時間10分】＊車が複数台なら七野へ配車しておく。一台なら芦谷川コースを往復するのがよい

瑠璃寺山門前参道

播磨地方には、行基菩薩による開山を伝える古刹が多い。船越山南光坊瑠璃寺もその一つである。山の名前は、寺の山号と同じである。そばの「船越山るり寺モンキーパーク」の開園は昭和36年という古い歴史がある。

山中は船越杉はじめ、植物の宝庫で、特に一カ所で見つかるシダ類の多さは西日本一らしい。しかし、二度にわたる水害で寺谷川沿いは見るに忍びないほど荒れてしまった。貴重な植物の早い回復を期待したい。

今回は演習林の芦谷川から頂上を経由して、寺谷川を下らず、千合地《せんごうじ》峠から千種町七野へ下るコースを案内しよう。

車で国道179号を西進し、卯ノ山峠を越えた先の「太田井橋」信号を右折する。千種川沿いに延びる県道53号を北進し、上三河で県道72号に入り、さらに北に向かう。北進すること約6㎞で瑠璃寺山門前に着く。脇の広場に駐車し、登山準備をしよ

演習林の建物間を行く

ミツマタの咲く林道を上流へ

う。車が複数台あるなら下山口の七野へ配車しておこう。

県道に出て、北へ約1㎞歩いた先のバス停「芦谷口」が登山口となり、左折れする。この谷には兵庫県立山崎高校の演習林があり、森林環境学科の生徒たちが合宿しながら体験学習をする施設が整備されている。谷に入ってすぐの別荘風建物をやり過ごして、林道を行けば実習棟が現れる。生徒たちがどんな実習をしているのだろう、道すがら注意をしていたら、植菌したホダ木が並べてあった。

シャクナゲ

実習棟を後にして再び林道を進む。この谷も平成16年と21年の台風と大雨で大きな被害を受けている。歩いている林道は通行不能になり、改修を終えるまで長い時間を要した。芦谷渓谷と呼ばれるほど四季折々に美しかったが、山肌の表土が流されて岩がむき出した姿が痛々しい。再生を図ろうと養生されているが、草木が芽吹くまでにまた流されないよう

集中豪雨で崩れた山肌

祈りながら先に行く。

実習棟から約１km歩いた先の鉄板を渡した流れの先で、製錬滓を見つけた。この山では砂鉄は取れないので、千種で採取した砂鉄を、炭が生産されるこの地に運び、地金にしたのだろう。

地肌がむき出しの急峻な山並みが続く谷底の林道を行く。作業車が渡るために敷いた補強用鉄板を渡る。右手の山並みは宍粟市千種町との境をなしており、なぜかこちらの植林の倒木は少ない。林道の改修、新設が進み、現在標高５５０ｍあたりで工事を終えている。

倒木帯から日名倉山を望む

ヤマブキ

終点から１００ｍ余り手前の新しい作業道に入り、少しずつ高度を稼いで行く。道なりに進んで、次の分岐は左へ、さらに高度を稼いでサブ尾根に乗ったら一休みしよう。

さらに進めば宍粟市との境界尾根に乗り、尾根を吹き抜ける涼風を受けながら境界ポールを追おう。左正面に、表土を流した船越山の姿が見え、災害の凄まじさを思い知らされる。倒木を跨ぎながら境界尾根を進み、左への道標に従って境界を離れ、倒木を避けながら先へ進む。

後ろには日名倉山が大きく見え、ネットが左に現れる。それに沿って進んで、下山路離脱地点を過ぎれば山

宍粟市境尾根の倒木帯

頂は近い。

山頂では標高727・2mの三等三角点と山頂標識が迎えてくれる。

弁当は宍粟の山々を見通す風景を眺めながら、倒木をベンチにしていただく。

船越山山頂

眺望を楽しんだら往路を下り、林道への分岐に出たら、林道へ下りる。山頂を踏んだ達成感を噛みしめながら気ままに歩けば千合地峠に着く。この峠は、日名倉山へ、そして桑村、瑠璃寺、七野へと道が分かれる重要な地点である。峠を示す大モミが聳え、境界を示す自然石に「百七拾六」の番号が彫ってある。

千合地峠と大モミの木

休憩を終えたら、今回は寺谷が通行不能なので、七野へのコースを取ろう。途中で日名倉山への分岐を過ぎ、さらに下れば配車地点に着く。登山装備を解き車で出発点へ向かう。時間が許せば、瑠璃寺やモンキーパーク、佐用町昆虫館へ行ってみよう。

船越山南光坊瑠璃寺

眺望と未整備の魅力

高鉢山《たかはちやま》

山コース

地図：千草 1/25000

駐車場 ⬇ 5分 ⬇ 登山口 ⬇ 10分 ⬇ 墓地 ⬇ 20分 ⬇ 450mフラット地点 ⬇ 55分 ⬇ 標高点570m ⬇ 25分 ⬇ 高鉢山 ⬇ 30分 ⬇ 90度屈折点 ⬇ 35分 ⬇ 急傾斜取り付き ⬇ 20分 ⬇ 上水道取水小屋 ⬇ 10分 ⬇ 奥土居 ⬇ 15分 ⬇ 奥海八幡神社 ⬇ すぐ ⬇ 駐車場 【3時間45分】

佐用町で国土地理院の地形図に掲載されている山名は少なく、その一つが高鉢山613・7mである。薪炭の時代から呼び習わされた名で、人々に親しまれてきた。

登山口となる畑の道を登る

登山口が駐車場に近く、下山口もそう遠くないので、整備が進めば登山者には人気が出るだろう。未開であるが、眺望は県境の山並みから信仰の船越山まで、佐用を代表する山々を指呼できる魅力がある。駐車場近くには、後山参詣登攀の石塔や石仏が納められた小堂もあり、船越山瑠璃寺を案内する道標もたたずみ、参詣道が交差する要衝であった。

奥海川に架かる桑口橋

車で佐用の中心地から国道373号を北上、さっこり峠へ向かう。峠手前の奥海《おねみ》標識に従い右折れして県道556号を道なりに進む。しばら

桜の下に石像が集う

く走ると奥海集落に入り、桑村入り口の「桑口橋」そばが駐車場になる。

登山準備を終え、歩き出しは橋を渡り、すぐ目に入る高鉢山の道標に誘われ畑の道を行く。最上部の墓地で道は切れ、急傾斜の人工林を登り始める。マイペースで高度を稼いでいると右手が雑木帯に変わり、人工林と雑木林との境界を行く。間もなく４５０ｍ地点でフラットな尾根に変わり一休み。

再び、人工林と雑木林境のアップダウンの少ない尾根をしばらく進む。標高５７０ｍピークに向かう標高差１２０ｍの登りをゆっくりペースで高度を稼ぎ、フラットな標高５７０ｍに出る。一休みの後、コース案内に従って山頂に向かう。右斜面に、これまでの風景が一変するような一抱えもあるアベマキ、コナラ林が現れ、嬉しい気分にさせてくれる。

最後の登りの倒木も難なくこなし、標高６１３・７ｍの三等三角点山頂に着く。山頂からは梢越しに日名倉山が見える。弁当を広げ午後からの歩きに備えよう。

元気が回復したら、道標に従って周回コースを北東に向かう。下りにかかって間もなく、標識に従い左に折れ、緩傾斜を50m下る。途中で右手に現れる船越山の山肌には、平成21年の大雨の爪痕がむき出しで残っている。人間の無力を感じながら尾根を下っていると、熊棚を目にする。高鉢山より南では見つからなかったので、このあたりまでがツキノワグマの生息域の、兵庫県西部での南端

登山口からすぐの人工林

なのかもしれない。

　道標に従い左に90度折れる。北斜面を一面に覆うのはスギの倒木である。ここでも自然の猛威と人間の無力さを体感させられる。ここの道標からは、一部倒木が尾根を覆う箇所があるので、尾根より少し下を進もう。そう長い距離ではない。倒木を潜ったり跨いだりしながら高度を下げて行く。途中で右手に県境の駒ノ尾山はじめ国定公園の山々が大きく展開し、谷を挟んで南に、今登った高鉢山の姿もある。

　次の雑木帯は倒木もなく、シバグリの木に熊棚が見え、ホオノキも多い。初夏には匂いの強い白い花が楽しめそうだ。

　左手向こうに奥土居の集落が見え始めると、植林帯の急坂が始まる。足元に注意しながらゆっくりと下り、田んぼの姿が残る人工林で右からの杣道に出合い、それに乗

三角点

ホオノキ

奥土居集落

る。
間もなく上水道取水施設があるので、休憩しよう。汗が引き元気になって、流れに沿って下れば民家のそばを抜け、小さな「つけのはし」を渡り県道に出る。山裾に張り付くように民家が点在する奥土居集落だ。あとは気ままに集落内を歩き、田舎の風景や古い遺物との出合いを求めながら駐車場に向かう。農村では牛を飼ったので、家畜の神である大日如来を刻んだ石造物が目に留まる。駐車場近くで大スギ（佐用町天然記念物）はじめ社殿の彫り物が素晴らしい奥海《おねみ》八幡神社へ立ち寄り今日の無事を報告しよう。

山肌が痛々しい船越山が見える

大日如来

駐車場はすぐだ。大雨の復旧工事が進み、桑村から先の船越山ルートの再開が待ち遠しい。

奥海八幡神社
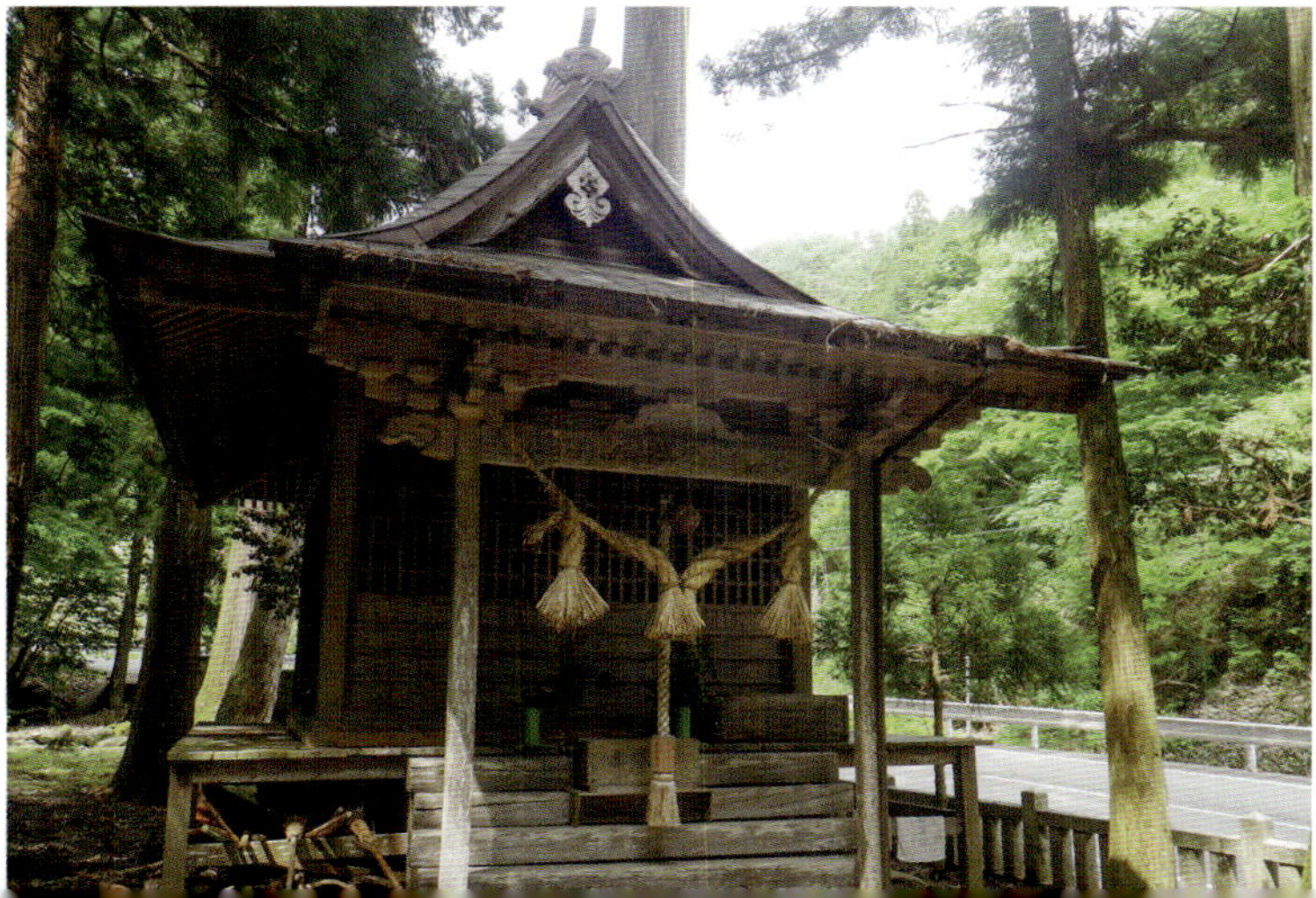

周回尾根を伝いスプリング8を見下ろす

地図：三日月 1/25000

山コース

多賀登山《たがとやま》

三原荒神社⬇10分⬇登山口⬇30分⬇石組⬇10分⬇多賀登山道標⬇40分⬇410m展望地⬇30分⬇道標⬇30分⬇多賀登山山頂⬇30分⬇鞍部⬇20分⬇八丁坂峠⬇10分⬇にしはりまクリーンセンター⬇40分⬇三原荒神社【4時間10分】

登山口の標識を目印に登り始める

多賀登山は、古くは弦谷《つるだに》城があったとされ、三角点名は「三原山」となっている。山頂は意外と広く、スプリング8も見える。ごみ処理施設で整備された道を利用したコースを紹介しよう。

どの方面から向かうとしても、登山口は播磨科学公園都市の北側で、三原地区にある三原荒神社に車を停める。南からなら科学公園都市を抜け、三原の交差点で大畑方面へ左折、「ひょうご環境体験館」を過ぎるとすぐである。佐用中心地からなら、国道179号で「市ノ上」信号を右に折れ、科学公園都市方面へ。「にしはりまクリーンセンター」標識に従えば、三原荒神社は近い。

土砂流出防止用の石組

登山準備を終えたらクリーンセンター口から100m余り東の「多賀登山」道標が登り口になる。山を削り道路を通したので、歩き出しは電柱そばの杣人が歩いた細い踏み込みを入って行く。

5分も登れば、薪炭を積んだ荷車が通った作業用の広幅の道跡に出る。周囲は雑木林で、プロパンガスが普及する以前には盛んに薪炭を生産していた。それが街へ運ばれ人々の煮炊きを支えた。

緩傾斜を進んで目に留まるのが、現在の土地の持ち主である兵庫県企業庁の赤色ポールだ。以前の持ち主のポールが折れて、倒れているのが、時代の移り変わりを教えている。古い国土地理院の地図には小さな池があったが、今は姿を消してしまった。

企業庁のポール

気持ち良い林間を歩けば、小さな鞍部に出る。その先で石組が目に付く。いつの時代に積まれたのか不明の、土砂流出防止用の小さな石組を、上流に向かって四カ所見つけた。

この山塊は、江戸時代には天領であった。「金子山鉱山」と呼ぶ銅鉱石を採掘し、製錬していたらしく、跡には製錬滓が残っている。今は当時の建物は何一つ残ってないが、このあたりは亜硫酸ガスが流れて裸山であったかもしれない。

多賀登山三角点を囲んで

あれこれ考えながら歩いて、標識などを見落とさないように、尾根の

人工林と雑木林の間を登る

踏み込みを進む。標高差50ｍの、少し傾斜の急な広い尾根を登り切ったら、標高４１０ｍの切り開きに出る。地籍調査の基準ポールが埋まり、スプリング８が梢越しに望める。

一息つき、標識に従って人工林の急坂を、足元を気にしながら下り切り、登り返しが始まる。企業庁の赤い頭のポールが時々現れるが、惑わされないで、しっかりコースを読もう。登り切り、左折れの道標に従えば、山腹を巻くコースに乗り、さらに進む。

コースが下り始める手前に右折れの指示があり、広い尾根を登れば、三角点が埋まった標高４４１・３ｍの切り開かれた山頂に出た。古くには天都峯《てんとのみね》とも呼ばれ、雅号にも使われるほど親しまれていた。

山頂からスプリング８を望む

地元の地域づくり協議会が計画し、地元の人たちを案内した登頂記念ポールが立っている。地元を知る一環として、これからも二度三度と登ってほしい。切り開きから播磨科学公園都市を眺めながら、弁当を広げよう。

ゆっくりと休憩したら「下山路へ」の道標に従い、雑木帯の下りを行く。コースはハッキリしているので外すことはないが、鞍部へ

登頂記念ポール

八丁坂峠

の下りは足元に注意しよう。左の梢越しに見え始める白い建物が、「にしはりまクリーンセンター」である。自らが作ったゴミを遠く離れた場所で処理する人間の身勝手を見た気がした。ゴミをなるだけ出さないようにしようと思う。

小さなアップダウンを行けば、八丁坂峠に出る。今は通る人もあまりいないアスファルト舗装された峠道である。古くは新宿、久保などから山上に点在する三ツ尾、大畑などの集落へ繋ぐ重要な峠道であった。一息入れた後、アスファルト道を下り、出合う分岐は「にしはりまクリーンセンター」への道を取る。

林道を行く

三原荒神社

開設間もない白亜の建物を眺めながら、取り付け道路をしばらく下れば、町道に出合う。左に折れ、三原荒神社に着いたら無事の報告をして、登山装備を解こう。

にしはりまクリーンセンターの白い建物

山コース

地図：土方
1/25000

郡内唯一の尖峰が双耳峰で聳える

行者山《ぎょうじゃさん》（鷲栖山《しゅうせいざん》）

井ノ久保集落⬇20分⬇峠⬇30分⬇屈折点⬇35分⬇標高460m岩峰⬇25分⬇行者山山頂⬇25分⬇標高460m岩峰⬇25分⬇屈折点⬇20分⬇峠⬇20分⬇井ノ久保集落【3時間20分】

＊田坪へは、峠から40分

井ノ久保集落の後背で天を衝く尖峰が行者山（鷲栖山）だ。姿に魅せられ山頂をめざすハイカーもあるが、まだまだ未開の魅力がある。山上に神を招き、願いを叶えてもらおうと小社を結び、岩窟を掘って役行者を祀っている信仰の山である。昔は四周の村から参拝道が通っていたが、今は井ノ久保道が唯一となった。そのコースを紹介しよう。

峠の石室

佐用町の中心から国道373号を車で北進し、「道の駅・宿場町ひらふく」の先にある道路標識の宍粟市方面に折れる。庵集落を過ぎ、桑野部落公民館の先の右手に架かる小さな橋を渡ると井ノ久保集落に着く。集落の突き当たり左手の小さな広場が駐車場になる。橋を渡るときに見える尖峰がこれから向かう行者山で、登山意欲を駆り立てる迫力がある。

井ノ久保から見た行者山

登山準備を整え、林道を歩き出そう。そう遠くない昔、峠を挟んで、

今通って来た桑野と南にある奥長谷の人々が往来した道であった。瑠璃寺の裏参詣道として利用した人もあったという。

頂上より眼下に小和田集落が見える

緩傾斜が続く峠道には大雨の傷跡が随所に残るが、歩くのには支障なく、間もなく峠に着く。道上の小さな石室に石像がないのは、寂しいだろうと集落に下ろされたからだろうか。峠頂上は広く、木材搬出用の土場として利用したと思われる。

一息ついたら、道標に従って杣道に取り付こう。薪を生産していた時代には盛んに歩かれた道もだんだん分かりづらくなってきているが、踏み跡が残っているので心配はない。増してくる傾斜を頑張って雑木林のマーキングを追えば、右折れ道標に出合う。帰路もこの地点に出るので場所の確

岩峰で一休み

峠より東のススキ原

認をしておこう。

一休みして、指示に従って、大きく成長したコナラなどの雑木帯を進めば、北に開けている場所がある。前峰として日名倉山を据えた、後山山塊が見える。

歩きやすい尾根筋が続き、前方に標高460mピークが現れる。ロープが掛かる険しい岩峰なので、注意して登ろう。ピークからは四周を見渡せる。西前方に見えるピークが行者山山頂で、今立つピークと双耳峰を成し、地形図も高さを同じ460mとしている。岩峰を慎重に下り、人工林を50m余り下り切って、登り返しにかかる。

林道を峠に向かう

山頂が近くなると岩が現れ、足元が悪くなるのでロープをつかみながら登って、行者山山頂である小社の前に着く。

頂上より紅葉の進む船越山方面を望む

驚くのは、こんな厳しい条件のところに社を建て、参拝に来る人たちがいることだ。江戸時代から続くのだろう、後山の行者山が近いことから考えると、行者講で訪れる人が多いのかもしれない。岩峰であるのに合わせ、山頂から360度の展望がきくのが開山理由の一つだと思う。ハイカーにとってもこの景色は一番のプレゼントで、

山頂の小社

何度も登りたくなる。頂は狭いので多人数なら位置を移して弁当にしよう。

山頂直下に修験者が使ったと思われる岩窟がある。そこに行くには、往路を岩峰の〝首〟まで返し、「岩窟」の道標に従えば、岩に穿たれた穴の前に出る。足もとの踏み込みが悪いのでベテランのみにお勧めしたい。明らかに人力で掘削されており、大人なら10人ほどが雨宿りできる広さがあり、腰掛けた役行者と不動明王の石像が並んでいる。窟の奥から水が染み出ているので修行者たちはこれを利用したのかもしれない。訪れたときは蹄の跡があったので、日常的に動物も利用しているのだろう。常夜灯や宝篋印塔などの石造物の残欠を集めて組み立てた塔もある。小さな広場で、護摩供養や雨乞いも行われたことだろう。

ゆっくりしたら元に返して往路を下り、次の岩峰も無事クリアし、さらに往路のコースを行く。屈折点に出たら左に折れて雑木林を下れば峠に着く。山頂に立った達成感に浸りながら思い思いに歩いて井ノ久保集落へ戻る。復路用に奥長谷（田坪）に配車した場合は、ススキの原を右へ下り、40分で駐車地点に着く。

境界のポール

役行者と不動明王が祀られた岩窟

庵川沿いに集落が点在し、その先の寺坂峠へ続く

水を湛えた山上の仁方池に誘われて

山コース

地図：佐用 1/25000

明神岳《みょうじんだけ》

駐車場↓5分↓ゲート↓10分↓分岐↓25分↓①池分岐↓10分↓②池分岐↓5分↓林道終点↓15分↓90度左折れ道標↓15分↓明神岳山頂↓25分↓池分岐↓10分↓仁方池↓35分↓駐車場【2時間35分】

仁方から明神岳を望む

山麓の神場神社と山上池に誘われ、車で佐用の中心を発ち、陰陽師の里②と同じコースを北上する（106頁参照）。スクールバス停そばのゴミステーション脇から江川川に架かる橋を渡り先へ進む。100mも行けば、左に神場神社への登り口、その先の幅広い道路が今日の駐車場になる。

登り口すぐの小さな池

耕作された広く明るい棚田風景を歩くと、心を広く豊かにさせてくれる気がする。

準備を整え、東へ歩き始めてすぐに害獣防止ゲートに出合い、中へ入る。干ばつ時には貴重な水源になったと思われる小さな池を過ぎ、しばらく歩いた先で二差に出合う。右は耕作していない棚田へ向かうので、左へ取り、上り坂が始まる。右手は雑木林が続き明るく、梢越しに周囲

明神岳三角点

仁方池

の風景が見える。一息入れようと振り返ると、銀色に輝く大撫山の天文台のドームが見えた。

仁方池の改修用のダート道は荒れてはいるが、幅があり歩きやすい。次に出合った二差分岐は右に取って直進しよう。左は仁方池堰堤につながるが、池巡りは帰路のお楽しみにする。

進むうちに、左下にチラチラ池面が見える。次いで出合う二差は下降気味だが直進し、作業道は終わる。一息つき、道標に従って雑木林の杣道を歩き出そう。

アップダウンが小さく、踏み込みを外しやすいので注意し、最後の道標で90度左に折れ、テープを追う。山頂手前で倒木が現れるが、多くはない。テープや踏み込みを行けば、明神岳三等三角点(388・0m)に着く。

神場神社に立ち寄る

眺望が無いのが寂しいが、広く刈り込まれているので、弁当を広げよう。ゆっくり時間を取ったら往路を外さないように引き返そう。作業道へ出て往路で見かけた「仁方池」標識分岐まで返して右に取り、雑木林の踏み込みと切り開きを10分歩くと堰堤に出る。

物音一つしない池面をひとしきり眺めたら、堰堤を歩いて対岸へ渡る。往路で出合った分岐から、道なりに下ればゲートに着き、駐車した車はすぐ先に見える。

階段250段を上ってタタラ製錬の神を祀る神場神社へ詣でるか、車で裏参道へ回る楽なルートで参拝し、無事の報告をしておこう。

豊かな田園。遠くには大撫山が見える

陣屋門御殿を名に冠した低山に登る

山コース

地図：三日月 1/25000

御殿山《ごてんやま》

三日月駅↓20分↓鉄塔No.40↓20分↓石造道標↓15分↓鉄塔No.42↓30分↓鉄塔No.43↓30分↓道標↓10分↓主尾根分岐↓5分↓御殿山↓5分↓分岐↓25分↓道標↓15分↓下山口↓10分↓八幡神社↓10分↓味わいの里三日月↓15分↓三日月駅【3時間30分】

＊マイカーの場合、「味わいの里三日月」の第二駐車場を利用する

旧三日月町の三日月藩陣屋跡の背山は、ファミリーで安心して歩けるコースだ。車なら味わいの里三日月の第二駐車場を借りよう。JR姫新線なら三日月駅から歩き出そう。

幾何学模様に見とれてしまう

旧三日月町のシンボル・三方里山の三日月を眺めながら「三日月駅」信号を渡り、国道179号を西へ向かう。「ほき」（崖地）であった山を削り、通学の安全を図った歩道を越え、すぐ下の道を右に折れる。山際の細い道を行き、一軒家に突き当たり右折れしたら前方に赤白に塗り分けられた鉄塔No.40が見える。

鉄塔下の害獣防止ネットの扉を開け、中に入って道標に従う。鉄塔巡視路なのでコースが整備されていて、ウキウキと進むことができ、鉄塔No.41を過ぎて下った先の鞍部に石造道標がある。「右・市ノウエ、左・西ノワキ」と彫られて、近場の往来を案内している、素人が刻んだのか、温かい思いが伝わってくる。

自然石の道標

鉄塔No.40へ

にしはりまクリーンセンターの煙突が中央に見える

道標に従ってコバノミツバツツジが咲くプラスチック製階段を登ると鉄塔No.42に着き、その先の道標は右寄りを指示している。鉄塔No.43あたりから植林帯になり、鉄塔道標は山腹を巻いて鉄塔No.44へ向かうように指示しているが、鉄塔直下のプラスチック製階段が不安定なので、そのまま尾根を直進し、道標のある小さな広場の尾根に出る。

左に取れば5分で大きく切り開かれた三等三角点の御殿山（351・0m）に着く。冬枯れの時期なら梢越しに大撫山、利神城、佐用ゴルフ場などが見える。北に向かえば柏原城、芦谷山へ、東は下山する乃井野に繋がる。

味わいの里三日月で迎えてくれる人形

道標に送られて乃井野へ歩き出す。往路との合流点を過ぎ、右人工林、左雑木帯が混在する尾根の踏み込みを行く。人工林の標高260m地点で、右への指示に従う。傾斜が増し、足元を気にしながら下れば前方が明るくなり、下山口に降り立つ。一息ついて、三日月藩陣屋の敷地を右へ駅に向かう。時間があれば、列祖神社、八幡神社、地元の産物を販売する「味わいの里三日月」に寄ろう。

三等三角点「御殿山」

お地蔵さんの据わる峠から峠へ

山コース

地図：土万 1/25000

芦谷山《あしたにやま》

上真宗⬇10分⬇地蔵堂⬇15分⬇杣道分岐⬇15分⬇渋坂峠⬇30分⬇90度屈折地点⬇30分⬇芦谷山⬇15分⬇杣道分岐⬇25分⬇人工林⬇25分⬇金山峠⬇20分⬇金山⬇5分⬇けんこうの里三日月
【3時間10分】＊金山の下山口から上真宗登山口まで歩けば約30分（2・8km）

千種川と志文川に挟まれ、南北にのびる細長い山脈がある。仮に「御殿山山脈」と呼ぶことにしよう。距離は、新宿から塩地峠まで約14km、歩きの時代には、それはたくさんの山越えの峠があった。文物と共に人々の悲喜こもごもが越えたことだろう。今は多少遠回りでも車で向かうので峠道は消え、忘れかけている。今回は渋坂峠、金山峠を登山口とした。峠の地蔵さんは喜んでくれるだろうか。

大日如来の石像

車で志文川沿いを北上し、金山集落へ向かう。集落には、昔、大金持ちを夢見て金を試掘した洞穴がある。車が複数ある場合は、「けんこうの里三日月」の駐車場に一台置き、もう一台で登山口である上真宗《かみさのむね》集落へ向かう。志文川の堤防に停め、歩く準備を始める。

歩き出しは少し引き返し、右への

安全をお願いした地蔵堂

上真宗集落と別れ、草付きの道を行く

道を取り上真宗集落の中へ。すぐに出合う軽自動車が通れるほどの草付きの道をいったん無視し、そのまま進んで地蔵堂で今日の安全をお願いしよう。草付きの道まで戻り、それを入るとすぐ二差路になり左手に進む。左に工場敷地を見ながら行けば尾根へ向かう杣道に出合う。道標に家畜の神さんである大日如来を刻んだ石像が据わっている。ここから杣道へは入らず、昔は県道だったと教えられた作業道を行けば、スギ林の渋坂峠に着く。

旧南光町を紹介した『昔むかし』には「渋坂峠にかかるとお堂があり、石仏二体が祭られている」と記されている。今、お堂はなくお地蔵さんは一体だけで、寂しげである。幅広の峠道はお地蔵さんの先で終わり、そこからは古い峠道で、千種川流域の旧南光町段集落に向かう。お地蔵さんに一声かけて、異形尾根のルートを確認しよう。段集落への下

渋坂峠への分岐

り口そばに「芦谷山」標識がある。

これから先は雑木帯の切り開き尾根になり、歩きやすいが尾根が広いので注意しながら進む。標識やテープに従い大きく左に折れ、緩斜面の尾根を行く。小さな傾斜を登って標高３８０ｍあたりで、右後ろに後山山塊が見える。冬なら雪を被った姿が印象的だ。

赤テープと国土調査のポールを追いながら進む。少し傾斜が増すあたりで松枯れの倒木が行く手を邪魔するので歩きやすいルートを選ぼう。以前は松茸が採れたのだろうが、今はどこへ登っても松茸にはとんとお目にかかれない。歩きにくいところはすぐ終わり、最近の測量になる国土調査ポールを追っていると芦谷山山頂に着いた。展望がないので標高４５２・８ｍの三等三角点と一緒に記念写真を撮り、弁当にしよう。

渋坂峠のお地蔵さん

三等三角点「芦谷山」

山頂をめざして杣道を行く

元気が出たら金山峠への道標に従い、先へ進む。緩い尾根を進んでい

渋沢峠への道

ると、右の梢越しに吉備高原から連なる佐用町の山並みが見え、頭一つ抜き出た大撫山が見える。心もち右に折れた先で道標に出合い、尾根筋から外れ、山腹を巻く杣道を行く。しばらくして出たところは、建築材にはできそうにないスギ林で、そこを抜け、再び雑木林の杣道を下り始める。

　この下りは金山峠まで続き、峠手前で暗いスギ林に変わり、そのまま峠に降り立つ。金山峠の地蔵さんは久しぶりに人の声を聞いてどう思うだろう。これを機会に多くの人が峠を訪れ、賑わうことを願ってくれるかもしれない。

金山峠の地蔵さん

　地蔵さんと並んで写真を撮ったら、金山集落へ、暗いスギ林の峠道を下り始める。急坂だがジグザグのコースがしっかりしており、思いのほか歩きやすい。長い下りだが金山集落がチラホラし見え始めたら砂防堰堤に出合う。さらに下って牧場跡の給水タンク、その先で害獣防止ネットに出合い、開錠して外に出る。県道の右に見えるのが「けんこうの里三日月」で、「乃坂橋」を渡ればすぐだ。

牧場跡に出る

矢原山里山公園で自然を体験

矢原山《やはらやま》から金山《かなやま》へ

地図：佐用 1/25000

山コース

登山口↓5分↓ゲート↓15分↓分岐道標↓5分↓展望地↓15分↓説明板↓30分↓矢原山↓35分↓下山分岐(シミ谷・金山谷)↓15分↓金山↓10分↓下山分岐↓20分↓シミ谷池堰堤↓15分↓県道↓20分↓駐車場【3時間5分】

佐用の中心部から県道365号に入り、中国自動車道沿いをしばらく走る。幕山小学校手前で右に取り、県道124号を1km余り走った先の分岐を右へ。県道524号に乗った先の田和への分岐はやり過ごし、200m余り先の、道路が広がる駐車スペースに車を停めよう。

左山側に「矢原山里山公園」説明板があり、整備の様子が示されている。準備体操し、体をほぐしたら遊歩道を歩き出そう。

「展望台へ約15分」の道標を横目に、害獣防止ゲートを開け中に入る。平成22年の整備以来、歩く人が増えてほしいと思いながら先へ進む。急傾斜を木製の階段が和らげてくれている。大きなジグザグを3、4度と繰り返すと、上部は削岩機で岩を削った緩傾斜の遊歩道に変わる。今後、多くの人が登っ

田和との分岐橋

て気持ち良いコースに仕上がるのを期待しよう。

標識に従い、まず展望台方面に向かう。途中でイベント広場方面と分かれ、左階段を上がると展望広場に出る。広場の北側から、佐用のシンボル、大撫山山頂の「西はりま天文台」の建物が見える。南には仲間でくつろげる展望デッキがある。残念だが雑木が育ち、南に広がる山並みや、はるか先の瀬戸内の島々は見えない。

ゆっくり休んだら矢原山に向かおう。分岐まで引き返し「尾根筋ルート」を取る。正面に矢原山の尖鋒を眺めながら、フラットな尾根を行く。雑木林の明るい尾根には、里山の植生を紹介した説明板やベンチが備えてある。春になるとコバノミツバツツジの花が尾根を覆いそうだ。

三角点「矢原山」にタッチ

木漏れ日の中を行く

展望地より大撫山の天文台がよく見える

矢原山直下で「尾根筋ルート」の道標矢印が折り返しを指している。

矢原山の尖峰

ここまでが里山整備の範囲で、脚力に自信のない人はここで引き返そう。

これから先は杣道に変わる。三角点のある山頂までは標高差50ｍの登りで足元が悪く、小枝を掴みながら高度を稼ぐ。山頂はフラットで、登り切った所に古いアンテナが残り、その先に「矢原山」の三角点があった。

一息ついたら、登った高さ分を下ってフラットな尾根道に変わる。コースを外すことはないので、足元の花などを楽しみながら進もう。標高点286ｍ手前の小さな鞍部では、才金から杣道が上がってきており、近くに国土調査の基準三角点が埋められていた。

展望地より大撫山方面を見る

「金山」道標を過ぎ、小さな登りが続き、小枝が気になり始める。金山三角点手前の小さな鞍部に、復路に下る「シミ谷池・金山谷」への指示道標がある。最後の目的地、金山三角点へは、踏み込みと赤テープを

三角点のある金山山頂

追って進めば、フラットな位置に標高344・4mの三角点があった。
　眺望がないので記念写真を撮り、道を外さないよう下山地点へ引き返す。「シミ谷池・金山谷」道標に従い、スギ林の下山路を行く。一部倒木が行く手を邪魔するが、多くないので歩きやすいコースを選ぼう。シミ谷池が太陽を反射して、前方が明るくなり、暗いスギ林から解放される。下り切ると管理の行き届いた池沿いの道がのびており、それを歩いて堰堤を越える。夕方近い池は神秘的な輝きを見せていた。

里山公園の説明板とベンチ

　県道へ出る道はダートだが、オフロード対応車なら進入できるので、ここに配車することも可能だろう。シミ谷池上部には金山谷の名が示すように銅鉱山跡があって、盛んに採掘していたらしい。当時の製錬跡が残っているので、時間があれば立寄るのもよい。県道に出たら右に折れ、車に注意しながら気ままに田舎の風景を楽しみながら出発点へ向かおう。

神秘的な色を放つシミ谷池

秀吉が陣を置いた展望の山

山城コース

高倉山城跡《たかくらやまじょうあと》

地図：上月 1/25000

佐用駅⬇30分⬇山脇⬇15分⬇分岐⬇25分⬇瓦坂峠⬇25分⬇第一展望地⬇15分⬇第二展望地⬇5分⬇高倉山⬇15分⬇ダイオウマツ⬇25分⬇宮ノ下三角点⬇20分⬇作業道上部⬇25分⬇ゲート⬇30分⬇上月駅【3時間50分】

櫛田から眺める高倉山

戦国時代の国盗り物語に登場する山城は、四周を見通せる要衝の地にある。天正5年（1577）11月、羽柴秀吉軍が上月城を攻撃するに際し、対峙する高倉山に本陣を置いた。兵《つわもの》たちが駆けた城跡で、当時の眺望を体験するコースを案内しよう。

トタン屋根が残る廃屋

佐用駅で歩く準備を整え、改修を終えた佐用川沿いを西へ歩き出そう。佐用川底を低く掘り、増水にも耐えられるよう整備された堤防を約30分歩けば、山脇集落に着く。秀吉の軍は、対岸の佐用城（福原城）を攻略するため、高台の慈山寺あたりから竹中半兵衛が采配を振い、黒田官兵衛らが動いたのだろうか。想像が膨らむ。

山脇を通り案内道標に従って、瓦坂峠へ向かう。この峠は、佐用で生

まもなく瓦坂峠に着く

峠の標識

第一展望地から望む孤田集落

産された農産物や薪炭などを運んだ重要な道であった。荷は赤穂へ運ぶ舟運に積まれ、帰り舟では塩、干魚などと共に瀬戸内の文化ももたらされた。またこの峠は、佐用都比売神社の祭礼のとき、子どもたちが小遣いを貰って賑やかに越えた道でもあった。

峠坂を歩き始めて15分ばかり先の分岐は、下へは行かず、右手のダート道を取ろう。多くの人が往来した重要なルートだけに緩傾斜の登りが続く。間もなく朽ちた一軒家と耕作をやめた田んぼに出合う。

その先から人工林に変わり、標高を低くして楽に峠越えができるよう山を削った場所に着く。瓦坂峠頂上である。今は、峠の地蔵さんはいないが、屋根瓦や礎

第二展望地でお弁当

石が残っている。山脇か菰田あたりに移されたのだろう。現在、マイカーで中島まで来て登るルートが整備され、南コースとして峠に繋がっている。

峠の道標に従って、右は人工林、左は雑木林と分かれる尾根を行こう。道標が整備され、急坂もないので、冬季なら木の葉を落とした雑木越しにチラチラと見える千種川の景色を楽しみながら歩ける。分岐の看板を過ぎ、緩斜面で高度を稼げば第一展望地に出る。天気が良ければ、遥か先の姫路市の山並みを捉えることができる。

新しく設置された道標

その先、新設された山腹ルートを、足元が弱いところを注意して越せば、第二展望地に着く。戦国時代の城は相手の動向を目視できることが重要だったので、ここからの見晴らしは素晴らしい。手づくりのベンチも用意されている。眼下に千種川の流れや家々の様子を見ながら弁当を広げるのによい。

ダイオウマツの松かさ

食後の休憩時には、堀割を越えた先の前期高倉城跡へ行ってみよう。削平地が数段残り、ここからは、佐用町の北端の日名倉山はじめ、名だたる山々、そして町内の集落が眺められる。

第二展望台から旧南光町を眼下に納める

昼食を終え向かった高倉山山頂に

高倉山城本丸跡で

も遺構があり、削平地が複雑に西に延びている。秀吉が指揮を執ったのかもしれない山頂で、記念写真を撮ったら下りにかかろう。

道標やテープに導かれ、主尾根の削平地を下る。山頂から続く緩斜面の下りは心地よく、初心者からベテランまで楽しめるお勧めのコースである。どんどんと高度を下げていたら大きなマツカサと三葉の松葉が珍しいダイオウマツに出合う。植林の数は多くないが、一時期ブームになったこともあり各地の山で見ることができる。

さらに下った先の鞍部は、智頭急行智頭線のトンネルが下を抜けている。その先に、頂上になかった三角点が鞍部から東に登った場所にある。標高２９９・１ｍの三等三角点で点名は「宮ノ下」である。

見土路の地すべり跡

さらに下り、地元の人たちが利用していた二カ所の峠を過ぎる。最後の小さなピークを越えれば若木の人工林が現れ、その先で、平成21年の台風で地滑りが発生した現場上部に出る。完成した防護壁のコンクリートを左に見て下って作業道に出る。

今日のルートを思い出しながら下れば、害獣防止ゲートに着く。ゲート向こうに出れば見土路集落である。ゲートは開けたら必ず閉めておこう。ゴールの上月駅へは集落から西に道を取り約２km、約30分で着く。

「宮ノ下」から見た雪を戴いた日名倉山

兵たちが死闘を繰り返した

上《こう》月《づき》城《じょう》跡《あと》から後山《うしろやま》へ

地図：佐用・土方 1/25000

山城コース

駐車場（登山口）↓20分↓本丸跡↓10分↓下山口↓20分↓きたがたの大桜↓40分↓柊神社↓20分↓築地塀分岐↓15分↓後山↓25分↓目高↓40分↓駐車場【3時間10分】

後山をバックに従えた目高集落

さほど高くなく急峻でもない上月城で、戦国時代、三度にもわたる壮絶な城取り合戦が繰り広げられた。ここでは、歴史ファンが歩きやすいように登山道が整備された上月城跡から後山へ、さらに昔ながらの集落が残る目高に足をのばすコースを紹介しよう。

姫路・相生からは国道373号を北上して佐用町に入り、久崎を過ぎて円光寺トンネルを抜ける。佐用中心地からは国道179号を西へ、「上月三差路信号」を直進し姫新線を越える。それぞれ「上月城跡」の看板に従えば、駐車場に着く。

緑濃い広葉常緑樹の一画に車を停め準備を始める。そばに「上月歴史資料館」、並んで皆田和紙を復活させようと頑張る「紙すき文化伝承館」がある。見学は下山後に回そう。NHK大河ドラマ「軍師官兵衛」の放映で、上月城跡を訪れる人が増えたそうだ。番組終了後も歴史探勝を兼ねて城跡へ登ってほしい。解説版には、備前、美作、播磨国境に近い上

ホタルブクロ

上月歴史資料館

月城跡が国盗りの足掛かりの位置にあり、約450年以前から城取りが繰り返されたと記されている。

登山コースは歩きやすいが、傾斜の強い箇所もあるので、登山口に備えてある手作り杖を利用しよう。ゆっくり歩いて約20分、途中の切り開きから上月の家並みや佐用川を眺めながら本丸跡に着く。

本丸跡は標高140mにあり、広さは東西23m、南北20mの削平地が残っている。当時を伝えるものは何も見あたらないが、城主であった赤松政範供養碑と墓碑が二基立てられている。

周囲を巡って当時に思いを馳せたら、兵が駆け、火急を告げたであろう尾根道を「後山」に向かう。本丸跡から下った削平地の先に、上月の家並みと遠く利神城を見通す切り開きがある。次いで、削平地、堀切と下り、駐車場への下山路分岐に合う。城跡散策だけなら

上月城へ向かう

上月城跡の城主供養碑と墓石

城郭跡に遊歩道がのびる

ここから下り、歴史資料館で当時を知るとよいだろう。
　これから先は同行の仲間があり、脚力に自信のある人たちにおすすめするコースだ。
　下山分岐から緩傾斜を登り切ったところのベンチで一休み。これから先は大きな傾斜がなく、緩斜面の登りが続く。途中、「きたがたの大桜」と呼ぶ山桜に出合い、コースを指示する道標を確認し、人工林へと進む。
　さらにその先で、小さなピークを見つけそれに向かう。登ってみると砦跡を思わせる、人の手が加わった痕跡があった。本丸跡からのびる杣道は兵たちも駆けた道だし、城に籠る女子どもも健気に走った道だろう。そんなことを思いながら、歩いていると、地元日高集落がお祀りする柊《ひいらぎ》神社との分岐に出る。

後山の築地塀跡

　ヒノキが植えられた参道を拝殿に向かう。安全をお願いしたら分岐まで引き返し、使われていない作業道を行く。右手に耕作放

展望地から見る上月の家並みと佐用川

棄された田が目に留まる。昔は日高の人たちの貴重な食糧を得る田んぼであったのだろう。耕作地跡を過ぎ、地形的には小さな分水嶺を越えたところで右を示す道標に出合う。スギ林の杣道を道なりに歩き、築地塀跡かと思われる段差が現れ、それを越える。越えた先は雑木帯に変わり、築地塀跡に沿って登れば切り開きに出る。

後山山頂の愛宕神社跡

柊神社

そこが後山山頂で、標高405・1mの三等三角点が埋まっていた。三角点そばの石組み跡は日高集落を火事から守る愛宕神社が据えられていた跡だ。日高に住む人が減り、世話ができないので麓の神社に下ろしたと聞いた。

ゆっくり休んだら標識に従い、人工林を下る。すぐに芝生を張り詰めた別荘を横切ってアスファルトの町道に出る。右に道を取り、結構な急勾配の車道を下れば、日高の集落が見え始める。現在、数軒の家族が生活しているそうであるが、いつでも住めそうに見える古風な民家が多い。後山は、日高集落の背後に聳えるので後山と名づけられたという。日高の風景を写真に収め、さらに下る。城跡散策コースと出合い、あと、一頑張りで駐車場に着く。

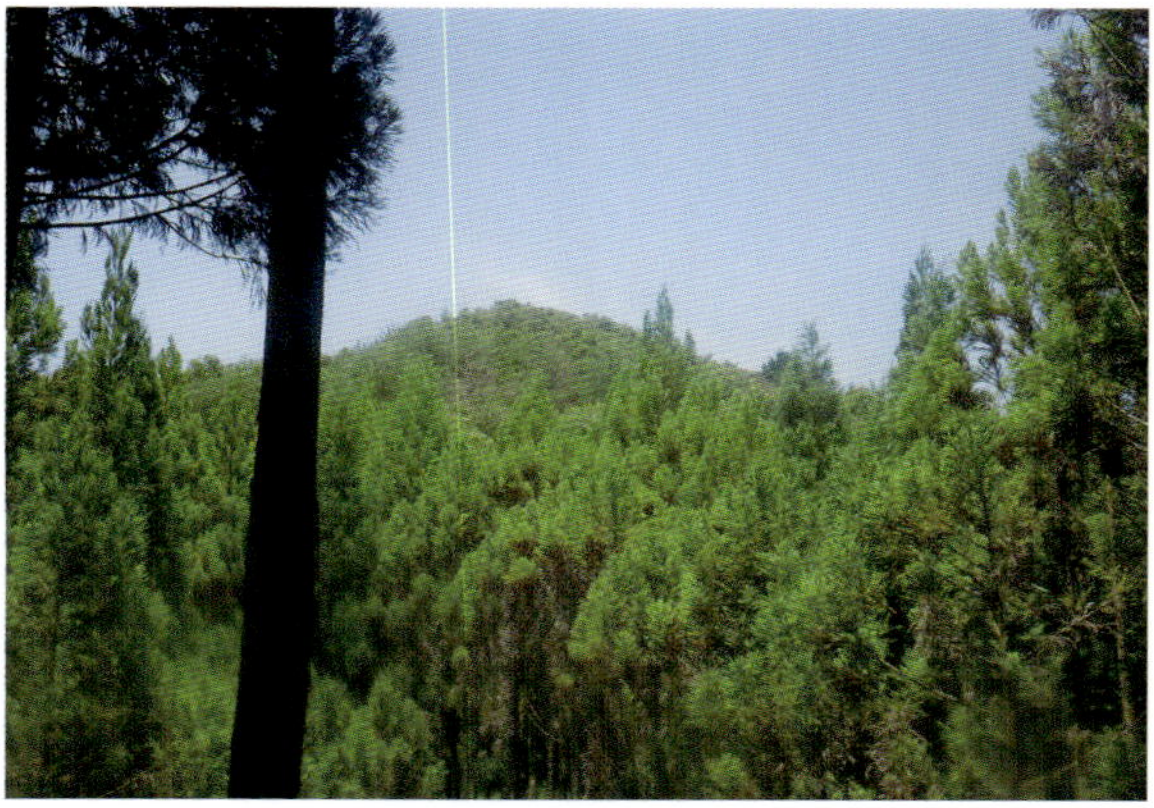
柊神社から後山を望む

赤松一族発祥といわれる地

高山城跡《こうやまじょうあと》から長谷寺《ちょうこくじ》へ

地図：佐用・土万 1/25000

山城コース

口金近登山口➡15分➡鐘撞堂➡15分➡千畳敷➡10分➡三角点➡15分➡展望分岐➡25分➡側道➡5分➡跨道橋➡15分➡峠口（長谷寺・太陽光発電へ）➡20分➡高伏山長谷寺碑➡15分➡長谷寺本堂【往路のみ2時間15分】＊復路は来た道を戻り峠の駐車場へ

登山口

赤松一族発祥の城だといわれる高山城は、佐用平野を眼下にする要塞のような山上にある。因幡、美作からの敵襲を見通し、同盟の利神城や高倉山城も指呼できる位置にあって、狼煙《のろし》連絡も可能な要衝の地である。想像以上に大きな城郭跡で、当時の兵がどのように城を防備し、山野を駆けたかを思うのも面白い。

中国自動車道佐用料金所。
向こうには利神城

今回の登山口にあたる口金近《くちかねちか》へは国道373号を北に進んで佐用ＩＣ近くの中国自動車道側道を右に折れ、すぐの案内道標に従って高速道路下を潜れば登山口に出る。車が複数台ある場合は、下山の計画によって1台を奥金近西の峠に配車しておくと便利だ。

案内看板でコースを確認した後、道標に従い最初の展望地「鐘撞堂跡」

鐘撞堂跡から眺める佐用の町と大撫山

をめざそう。人工林を歩き始めてすぐの分岐は直進し、整備不十分の遊歩道を行く。ヘアピンカーブを折れ、小笹が生え始めた道をしばらく進むと、前方が開け鐘撞堂跡展望地に出る。展望地からは、大撫山がその名に恥じない山容で登頂を誘い、足元には人々の営みが手に取るように見える。これが低山歩きの魅力だろう。

長谷寺本堂

　鐘撞堂は役行者創建を伝える真言宗寺院高伏山長谷寺《たかふしさんちょうこくじ》の鐘撞堂跡だという。現在の本堂まで直線距離にして約3kmもある広大な寺域は、高山城をすっぽりと収めるほど大きく、創建当時は七堂伽藍の甍が輝いていたらしい。

　眺望を楽しんだら主郭をめざそう。まず、堀割を過ぎ、ファミリーで昆虫採集を楽しめそうなコナラ、アベマキ、クヌギ林が主郭まで続いている。途中、二度三度と城郭の削平地を越え、間もなく千畳敷と呼ぶ主郭跡に着く。北が大きく開け利神城跡が聳え、冬季には雪

を戴いた県境の後山、手前には佐用町の最高峰日名倉山の姿も見える。

　高山城跡の解説板には赤松一族発祥の地だとあった。城郭を巡り大きさなど体感したら、道標に従い三角点に向かう。眺望のない三角点で記念のシャッターを切り、小さな登りを過ぎれば素晴らしい景色が待っていた。分岐のベンチで弁当を広げ、瀬戸内海までも広がる眺望と山並みを楽しもう。城めぐりの案内看板によると、南へ下れば口金近へ、北へ向かえば石井谷池を経由して口長谷へ通じている。都合に合わせそれぞれのコースを選ぼう。

　これから先の高伏山長谷寺へは、遊歩道ではなく杣道の切り開きが続くので、道標に注意しながら進む。古くは兵が戦いで駆け、村人が長谷寺へ参拝するのに往来した道であった。人工林を過ぎ、「長谷寺」へは左への道標に従い、舌状の尾根を下り始める。梢越しに見え隠れする不

森谷分岐にある長谷寺参道の石

高山城跡の説明板

アメリカフウ

コナラ、アベマキ、クヌギ林の城跡
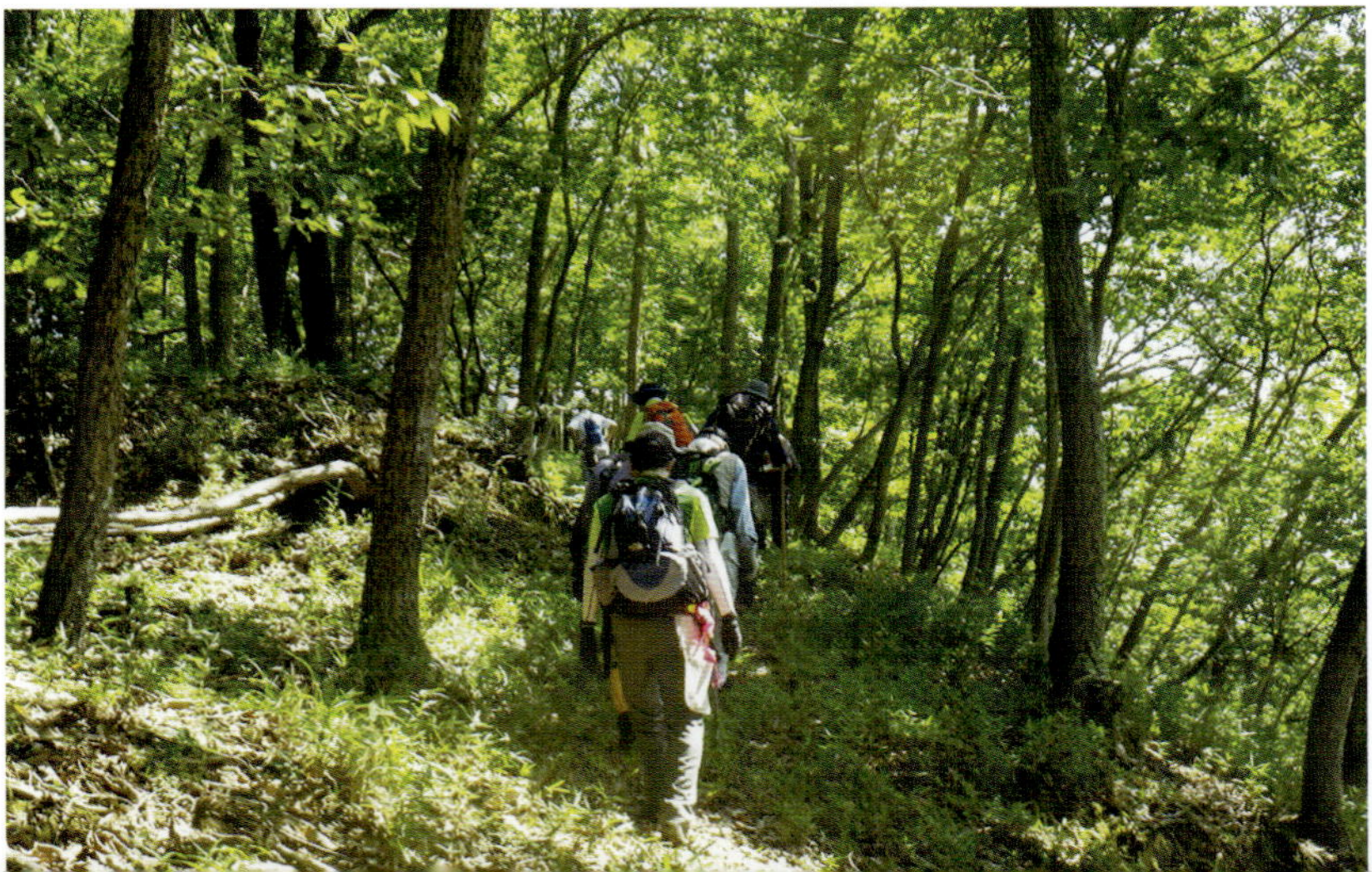

可思議なコンクリート構造物は開通まもない鳥取自動車道の擁壁だ。

　側道に出たら、高速道路をまたぐ「小松谷跨道橋」を渡り、北へ１００ｍで右に折れ、標識に出合う。背丈を越えるササ地の切り開きと、秋には見事に紅葉するアメリカフウの中を歩いて、ササ地を抜けたら左折れしよう。数軒の別荘風の建物を過ぎ、足下に長谷寺への道標が見えるので道標分岐まで下り、長谷寺道を登り始める。まもなく、約2万枚もの太陽光発電パネルを敷き詰めた景色が展開している。このあたりは「申山《もうすやま》」と呼ばれ、古くは七堂伽藍が建っていたらしい。今はクリーンエネルギー施設が威容を見せる。

長谷寺から南の眺め

　花木団地跡を抜け森谷集落との分岐は左に取り、すぐ先の道標が示す近道は荒れてお勧めできない。寺域に入ったと思ったがなかなかの登りと距離で、一汗かいてやっと本堂に着く。眺望は期待に違わず大きく南が開け、幾重もの山並みの先に瀬戸内海が見えることもあるらしいので、心ゆくまで眺望を楽しもう。
　三角点を求めるなら、展望は無いが本堂裏から八大龍王鳥居をくぐり約10分余りで三等三角点に着く。帰路は太陽光発電パネルの先の峠まで返し、配車した峠の駐車場に向かえばよい。

眺望のない場所にある三等三角点

山城コース

佐用町最古と伝わる城跡を登る

飯《いい》野《の》山《やま》城《じょう》（飯山城）跡

地図：上月 1/25000

久崎駅➡5分➡大避神社鳥居➡15分➡大避神社➡25分➡三角点➡10分➡主郭➡15分➡テレビアンテナ➡10分➡平谷峠➡15分➡鉱山跡➡5分➡愛宕神社➡10分➡太田八幡宮➡25分➡久崎駅【2時間15分】

周囲を山々が囲む久崎は、清流千種川と佐用川が合流する水運の要衝であった。佐用郡内で生産された産物は、ここから高瀬舟で坂越港に運ばれた。一方、陸路でも因幡、美作街道へ繋がる赤穂街道が延び、東へは姫路・大阪道があった。これらを利用する旅人や船頭が泊まる宿場町としても賑わった。この重要な拠点を見張り、抑える山城が飯野山城で、平家隆盛の嘉応年間（1169～71）、吉屋八郎宗達が築いたとされる。

大避神社の鳥居

智頭急行久崎駅から向かうのは、久崎小学校の急峻な裏山である。「久崎小学校前」信号を渡り、学校脇を行けば、千種川流域にその名称が多い大避神社の鳥居前に着く。境内へ通じる参道に設置された鹿・イノシシ除けネットを開け中に入ると、コンクリートの急傾斜の参道がのびる。山中の境内は、照葉常緑樹のシイ、カシ類が多い。見上げるほどの長い石段を頑張って拝殿前に着いたら、今日の安全をお願いしよう。

境内の兵庫県指定天然記念物のコヤスノキ社叢林などを見て、神社の裏手に回り、磐座と思しき大岩が重なる間を登って行く。しばらくすると大岩は消え、雑木帯に変わり、さ

この石組は何の跡だろう

ビッグスライダーの向こうに聳える飯野山城跡

らに手入れの良くないヒノキ林の城跡に着く。

標高223・5mの四等三角点で記念写真を撮って、周りを探索していると、長方形に組まれた石組を見つけた。この上に祠か石像かそれとも宝篋印塔があったのではと考えるが、確認できないまま先へ進む。

二段三段と城郭が続き、史料によると、飯野山城の主郭の広さは20m×25・5mあるらしい。山上の城郭跡は植林に覆われ、眺望がないのが残念だ。眺望があれば上月城、高倉山城、浅瀬山城、仁位山城跡などが手の届きそうな位置にある。

主郭から尾根通しに削平地を下っていると、使われなくなったテレビアンテナに出合う。日当たりが良く梢越しに高倉山が見えるので弁当にしよう。

今回唯一の急坂を下れば平谷峠に着き、登り返しの人工林をしばらく進む。緩い200mピークでの指示に従い左に行けば、尾根を切り取った鉱山試掘跡がある。探すと鉱石滓などが見つかる。

さらに尾根を行けば小さな社の愛宕神社へ、そして参拝道を下れば太田八幡宮に着く。今日の報告をして、参道を下れば国道373号に合流し、車に注意しながら出発点の久崎駅を目指す。

鉱山試掘跡

大避神社

上月城と共に落城

山城コース

地図：上月 1/25000

浅瀬山城跡《あさせやまじょうあと》から虚田山《おそだやま》へ

笹ヶ丘山荘⬇10分⬇土砂崩れ跡⬇25分⬇城郭口⬇10分⬇山頂（浅瀬山城）⬇30分⬇展望地⬇35分⬇虚田山⬇40分⬇作業道出合⬇30分⬇虚田林道へ標識⬇10分⬇虚田林道⬇40分⬇衛生公苑⬇25分⬇笹ヶ丘山荘【4時間15分】

天正5年（1577）羽柴秀吉軍は上月城を攻撃し始めた。浅瀬山城主上月恒織は、秋里谷を逃走する毛利軍が追われるのを見て、城を出て秀吉軍に挑んだ。大激戦のすえ恒織以下全員討ち死にし、浅瀬山城は廃城となった。城の北に当たる秋里谷入り口は激戦が繰り広げられたあたりで、今も「戦《たたかい》」という地名が残っている。

笹ヶ丘ドームとビッグスライダーのスタート地点（左）

約450年前の城跡から、上月城はじめ佐用川流域の激戦の地を俯瞰してみよう。

車で国道373号に入り、久崎の近くにある「笹ヶ丘荘」に向かう。南からなら「久崎三差路」信号を越してすぐの「笹ヶ丘橋」を渡って道なりに進めば笹ヶ丘荘駐車場に着く。

笹ヶ丘荘の裏山の急峻な山頂が、めざす浅瀬山城である。兵たちが敵の動静を見張るため日常的に登り下りしていたのだろうか。その大変さ

笹ヶ丘公園内の案内道標

を思いながら準備を整えよう。

歩き始めは道路へ出て、「展望台」道標に招かれ、ログハウス横を抜ける。最近整備を終えたジグザグの遊歩道は土砂崩れ改修箇所までのびていた。モミジなどの広葉樹が植えられ、数年後には紅葉が楽しめそうだ。左手に佐用川を挟んだ飯野山城の全容を見ながら、土砂崩れ箇所の新設階段を登る。これから先、整備はあまりされていないが、しっかりした造りの旧道をゆっくり登っていく。

尾根近くの城郭らしい広場にベンチがあるので、休みながら梢越しの景色が楽しめる。

本郭までフラットな道が続き、草付きを登ると、スチール製展望台がある山頂（321m）に着いた。眼下の秋里川を挟んで上月城跡に連なる山並み、対峙する形で秀吉軍が陣を敷いた高倉山城跡の高い峰が聳える。佐用川を挟んで飯野山城跡も手のとどくような先に見える。山頂の東北角に佐用町が測量した基

遊歩道を登る

改修を終えた土砂崩れ跡

準点なのだろう、国土調査の黄色ポールが埋まっていた。

　展望台から眺望を楽しんだら、虚《おそ》田《だ》山《やま》へ向かおう。南西隅から一段下の削平地に下り、そこから深い大きな堀割を越えれば、杣道がのびる尾根に変わる。ヒノキの林をしばらく行くと、城跡の一部と思われる堀割

浅瀬山城跡にて

と築地塀跡らしいところを越える。小さなピークに来ると、久崎駅、上月工業団地が千種川を挟んだ正面に見えるので、弁当を広げるのにおすすめだ。

　景色を堪能したら休憩を終え、長い緩傾斜を登り切ると、切り開きのピークに出る。ここが虚田山かと思ったが、偽ピークであった。気を取り直して右へ尾根を取り、小さな傾斜を登り切ったら、三等三角点の虚田山（378・8m）に着いた。三角点と記念撮影をし、ピストンなら往路と同じコースを取ろう。

城跡を行く

霞がかった高倉山城跡

虚田林道経由で下山するなら「虚田山」標識が取り付けてある箇所か

ら先に進んで、すぐに左へ指示がある。途中の赤テープを追いながら下

眼下に見える上月工業団地

れば尾根の杣道に乗る。杣道がのび、標高点３９０ｍを過ぎたあたりから時々草付きが現れるので、踏み込みを外さないようにしよう。

前方からのびている作業道と出合い、そちらへ行きたくなるが、コースを確認し、一息入れよう。作業道を取らないで左への踏み込みを行く。時々、草付きが出てくるが、標識やテープを追いながら高度を下げていく。標高３２０ｍあたりで右折れを指示する

標識を付けた

道標に従い、急な踏み込みを下ったら虚田林道終点に出る。

一休みして、林道を下るが、足元のコンクリートに苔がついているので、スリップに気をつけながら深い谷底を下る。途中で山の神神社に寄って今日の安全を報告してさらに下る。佐用衛生公苑前を過ぎれば民家が現れ、佐用川沿いを気ままに歩けば出発点の駐車場に着く。

山の神を祀る社

第一展望地より西徳久方向を望む

地図：土方 1/25000

強者たちが駆けた急峻の城跡を登る

山城コース

徳久城《とくさじょう》（柏原城《かしはらじょう》）跡《あと》から南谷山《みなみたにやま》へ

殿崎公民館↓5分↓害獣防止ネット↓15分↓第一展望地↓20分↓城郭口↓25分↓本郭↓15分↓3本ヒノキ↓20分↓四等三角点↓5分↓鉄塔No.46↓20分↓鉄塔No.47↓10分↓金山峠↓40分↓平松害獣防止ネット↓15分↓平松公民館【3時間10分】

姫新線に並行して国道179号を進み、信号「太田井橋」で県道53号に入り千種川沿いを走る。まず目に入るのが、右前方の急峻な山並みだろう。この尖峰に徳久城（柏原城）があった。戦国の世、上月城主赤松政範の叔父早瀬正義が守っていたが、羽柴秀吉軍により上月城と共に落城している。

この急峻な山城を攻める秀吉方と、死守しようとする赤松方の兵が戦った城跡に向かおう。

いったん南光スポーツ公園に集合し、車が複数あるなら、下山口である平松に配車し、出発点となる殿崎公民館駐車場へ向かう。ここはスポーツ公園から歩いてもそう遠くない。殿崎は城主の下館があったことによる地名だろうか。

登山準備ができたら公民館裏手を北に進めば、登山口がある。害獣防止ネットに出合うので開扉し中に入

登山口へ向かう

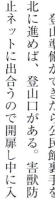

ヤマジノホトトギス

る。扉を閉め、ネットそばの踏み込まれた杣道を取れば、急坂のジグザグの登りが始まる。

ゆっくりと高度を稼いでいると左手が開け、千種川の流れの先に連山が重なって見え始めた。足場の良いところで一息入れながら西徳久あたりの眺望を楽しみ、山々を指呼しよう。

コナラ、アベマキなどの林が続くので気分良く高度を稼いでいける。間もなくフラットな削平地と二段の堀切が現れ、城郭に足を入れたと分かる。スポーツ公園から眺めた山容そのままに、標高320mの急峻な山頂に、南北12m、東西21mの本郭を中心に東西300mに及ぶ削平地が連なっている。この本で紹介する山城跡のうち、急峻さと城郭の大きさはトップクラスだろう。

一休みしたら、道標に従い南谷山へ向かおう。本郭からの下りでアベマキの巨木が目立つ。立木に掴まり、二段三段と城跡を下る。

ヒマワリ畑の向こうに徳久城跡がある

現在の雑木山は燃料として伐採されないので、山は荒れ、杣道も消え、歩きにくくなってしまった。慎重に尾根筋の杣道を追いながら進んでいると、境界目印に植えられた3本のヒノキが大きく成長し、空を衝いている。

御殿山から続く鉄塔

山頂標識

朽ちた倒木は年月とともに細り、歩きやすくなった緩傾斜を行く。杣道の尾根越えの乢を過ぎると雑木が開け、三角点のある南谷山に出た。視界がないので記念写真だけ撮ったら、道標に従って鉄塔下まで行き、弁当にしよう。南に聳える御殿山の、赤白に塗り分けられた鉄塔から高圧線がのび、次々と鉄塔を結んで、弁当を広げる我々の上にも繋がっている。

ゆっくり時間を取ったら金山峠へ向かおう。切り開きを入ると「平松へ」の道標が現れ、それに従えばヒノキと雑木帯の境を下って鞍部に出る。このコースは鉄塔巡視路になっており、踏み込みを追って小さなアップダウンを

第一展望地から西徳久高下の丘陵を望む

頑張れば、草付きの鉄塔No.47下に出る。ここから左手を見ると、志文川を挟んだ先にある標高500m前後の山並みの眺望がすばらしい。

　鉄塔下を過ぎ、金山峠へ一気に下ると、スギ林の峠でお地蔵さんが迎えてくれた。人通りが消えた寂しい峠をひとり守っているお地蔵さんに一声かけて、次回の出会いを約束しよう。右に下れば金山だが、今回は平松へのコースを取る。平成16年の台風で荒れた山道は倒木が多く歩きにくいが、できるだけ歩きやすいコースを選ぼう。途中から山腹を巻くコースに変わり、それを行けば砂防堰堤脇に出る。すぐ先の害獣防止ネットを開けた外は平松集落の最奥にあたる。段丘の耕作地が広がる里から、今縦走してきた徳久城から南谷山の稜線を眺めながら下っていく。

金山峠の地蔵さん

アベマキと紅葉の城郭跡

平松の段丘を下る

　里を流れる小さな平松川に出れば、ゴールの平松公民館は近い。平松の吾勝《あがつ》神社には佐用町指定無形文化財の「平松武者踊り」が伝わる。櫓を中心に手作り衣裳で武者に扮した踊り子たちが激しい所作で踊る伝統芸能である。

松山から広大なヒマワリ畑を見渡そう

山丘コース

ひまわりの丘《おか》から矢能《やのう》へ

地図：1/25000

駐車場⇩5分⇩中央登山口⇩10分⇩山王七神社⇩10分⇩ゼフィルス分岐⇩5分⇩展望地⇩15分⇩展望櫓⇩30分⇩矢能分岐⇩10分⇩害獣ゲート⇩30分⇩駐車場【所要時間1時間55分】

＊登山口はJR姫新線播磨徳久駅から徒歩約30分の位置にあるので、列車利用もできる

見事に咲いたヒマワリの絨毯

国道179号から県道53号に入り、千種川西岸を走って「南光スポーツ公園若あゆランド」入口の光田橋を渡ろう。正面の低山がこれから登る松山である。

このあたり一帯、県道53号沿いの畑一面は、シーズンともなると、ヒマワリの黄色い花絨毯が敷き詰められ、アマチュアカメラマンや家族連れがやって来る。旧南光町がヒマワリをテーマに取り組んで四半世紀以上になると聞く。今では佐用町観光の一翼を担っている。その絨毯を山から眺められるよう遊歩道が整備され、「南からひまわりの丘」と名づけられている。

車はスポーツ公園内野球場奥の駐車場に停め、歩く準備を始めよう。駐車場前の「南からひまわりの丘」案内板で概要を確認し、登山口となる中央口へ向かう。

道標に案内され、山道に入ってすぐの害獣防止ネットを開けると、緩傾斜の道が林崎の氏神さん山王七神社まで続く。しばらく歩くと展望が開け、夏ならヒマワリの絨毯が見え隠れし始める。10分ほどで山王七神社に着く。今日の安全をお願い

し、一休みしよう。

道標に従って展望櫓に向かう尾根コースを進む。緩斜面の遊歩道が気持ちいい。ところどころにベンチが据えられている。梢越しに卯ノ山峠を越える因幡街道（国道179号）が見え、時おり風に乗って騒音が届く。間もなく分岐道標に出合う。

右へ下るコースを「ゼフィルスの森」と呼ぶ。コナラ、アベマキなどの落葉広葉樹の森に、緑色の小さなシジミチョウの仲間ゼフィルスが生息するので名づけた、と案内板にある。

フラットな尾根を終え、下り始めてすぐに北の展望が開ける。遠くは駒ノ尾山塊、足元にはシーズンならヒマワリの絨毯が広がり、清流千種川を挟んで西徳久と東徳久の見事な耕作地が広がっている。

鞍部のヒノキ林

眺望を楽しんで、下った鞍部はヒノキの人工林に覆われており、歩く人がほとんどいない峠にも出合う。ここから標高差50ｍの登りを頑張って展望櫓に着く。現在周囲の木々が育って眺望が良くないので整備が望まれる。
ここで弁当にしよう。仲間と楽しいひと時を過ごしたら先へ進む。櫓そばの「若あゆランド方面」の道標に従えば、「南からひまわりの丘」案内板そばに出られる。今回は「矢能へ」の案内に従うことにする。
ここからは未整備の広葉樹と植林が混在する尾根筋で、小さなピークから左への指示に従う。緩斜面の尾根を歩いていると梢越しに矢能の耕作地が見え隠れしはじめ、さらに進んで杣道が三差路に分かれる場所に出る。「矢能へ」道標に従って左を取れば、道はドンドンと下り、視界は開け、矢能集落の田んぼがすぐそばに見える。墓地そばの害獣ゲートを開け、田んぼを巡る農道へ出た。ゲートを閉め、四季それぞれに景色を変える里山を楽しみながら出発点の野球場をめざす。余裕があれば、途中で矢能ノ砦跡を巡るのもいい。

下山口より矢能の集落を望む

播磨科学公園都市のスプリング８を眺めよう

地図：三日月
1/25000

山丘コース

三《み》原《はら》南《みなみ》山《やま》

三原荒神社⬇5分⬇ネット⬇20分⬇尾根⬇10分⬇第一展望地⬇15分⬇第二展望地⬇10分⬇ウインチ⬇10分⬇作業道出合⬇15分⬇県道４４３号⬇10分⬇三ツ尾集落⬇20分⬇三原荒神社駐車場【1時間55分】

第二展望台からスプリング８を望む

海抜２５０ｍあたりに広がるなだらかな丘陵地に、播磨科学公園都市が出現してから20年が経過した。公園都市のシンボルであるスプリング８の成果報告も耳にするようになった。毎年５月の連休に施設が一般公開されると、将来の日本を担う科学好きの青少年がたくさん見学に訪れ、頼もしい。一周２・４㎞の大型放射光施設を実感しに、三原南山に登ろう。

コバノミツバツツジ

　にしはりまクリーンセンター口を目標に車を走らせ、近くの三原荒神社前広場に駐車する。準備を終えたら荒神社に一声かけ、正面南に見える害獣防止ゲートに向かう。春には桜がきれいな鞍居川を渡り、ゲート内へ入る。薪や炭を生産した時代には車も入っていたようだが、今は車も通れない荒れた作業道を行く。

往路の林道を行く

　雑木林を左に見ながら歩いていると、道標が左を指示するのに出合い、

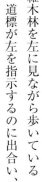

尾根に登る。次いで右への道標に案内された先は、古いテレビアンテナが残る第一展望地だ。梢越しに科学公園都市の風景を眺めたら、第二展望地に向かう。元に返し、春ならコバノミツバツツジのピンク色が尾根を覆う中、南に歩けば、第二展望地の切り開き場所に出る。

白く輝くリング状の施設を間近で目にできる場所は他にないので、腰を下ろし、ゆっくり科学公園都市を堪能しよう。

展望地をおいとまし、大きな山桜が群生する谷を右に、フラットの尾根を行く。木材切り出しに使ったのだろうか、思わぬ場所で、赤錆びたウインチを見つけた。なぜ置き去りになったのだろう、ウインチについていろいろ推量しながら、コバノミツバツツジの中を行く。

作業道に出合い、道なりに歩き始める。道すがら、春なら山桜や足元のスミレ、芽吹き始めた新緑を楽しみながら歩けば、町道に出合う。右に取り、気ままに歩いて三ツ尾集落で五輪塔に詣でる。ブドウ畑を過ぎれば、大杉が空を突く三原荒神社は近い。

大きな山桜

科学公園都市のチューリップ

県境から遠くに八塔寺山が見える

佐用・赤穂・和気郡界から県境を北上する

地図：上郡・上月 1/25000

県境トレール①

空山《そらやま》から大平峠《おおひらとうげ》（東畑越《ひがしばたごえ》）へ

空山橋↓70分↓空山池↓25分↓空山↓30分↓板場峠↓10分↓林道出合↓35分↓県境復帰↓20分↓県道368号↓すぐ↓涅槃像【3時間10分】＊下山口の配車は山陽自然歩道標識そばの広場に　＊下山口から空山橋まで約1・5km（約15分）

佐用町の最南端の山・空山をスタートとし、佐用郡、赤穂郡、和気郡（現・備前市）が接する板場峠から県境を北進して、後鳥羽上皇や後醍醐天皇が越えた杉坂峠までを、五回に分けて案内する。大名行列が越えた萬ノ乢《まんのたわ》や、隣村の祭り見物に小遣いを貰った子どもたちが越えた小さな峠の消息も探した。

備前、美作と県境を挟んだ交流の痕跡を追いながら、県境のロングトレールに挑戦しよう。

歩き出しはススキの草原

佐用の中心地から国道179号、上月から国道373号に入り、踏切を渡る。円光寺トンネルを抜けてすぐの信号を右に折れ、山が迫る秋里川沿いを約8・3km進む。中才の集落を過ぎた先で「空山橋」に着き、空き地に駐車する。車が複数台あれば、一台を下山口に回しておこう。

地蔵さんと三郡界の石組ドーム

空山池

林道を南へ歩き出す。秋にはススキの原に変わる放棄田をしばらく歩いた先で、川向こうに不動明王の石像を見つけ、湿地を過ぎれば改修を終えた空山池に着く。標高445・9mの空山三等三角点には、道標から踏み込み、テープを辿れば切り開かれた山頂に出る。残念ながら眺望がなく、三角点の写真を撮って引き返し、三郡界の県境を目ざそう。

踏み込みとテープを追えば、峠道と国境を示す石組のドームに初めて出合う。そばの地蔵さんには「明治十五年　法界　午四月日」「備前国和気郡多麻村……」などが刻まれていた。二人の娘が亡くなったので高橋市二さん、妻ユキさんが供養のため、旅人の安全を願い据えたらしい。地蔵さんに送られ、進んだ先の三差路は中の林道へ進む。

登り口になる空山橋

空山池からの作業道も合流するので、板場峠を経由せずに直接ここへ出ることもできる。なだらかな山並みの景色を楽しみながら歩き、35分ほどで作業道が県境に近づくので再び県境に乗り北進する。すぐに二つ目の小型の石組ドームに出合い、現れた金網沿いを下れば鞍部に出る。そして踏み込みを右に取り、池端を抜ければ近畿自然歩道標識のそばで今日のトレールを終える。石造の涅槃像がある東屋が下山後の休憩にお勧めである。

空山の三等三角点

疲れをいやしてくれる涅槃像

県境トレール②

大《おお》平《ひら》峠《とうげ》から官《かん》公《こう》造《ぞう》林《りん》記《き》念《ねん》碑《ひ》へ

地図：上郡・上月 1/25000

近畿自然歩道案内板↓15分↓畑耕作地↓15分↓峠↓55分↓展望地↓25分↓奥山四等三角点↓90分↓左へ分岐↓20分↓防火帯出合↓15分↓官公造林碑↓20分↓駐車場【4時間15分】
＊出発点まで歩けば5・2km、約1時間10分

出発点となる近畿自然歩道説明板

大阪府と兵庫県の境の妙見山から続く近畿自然歩道山陽路ルートのゴールが大平峠だ。兵庫と岡山の県境で、吉備高原の南東に位置し、よく整備されている。一方で、このあたりには地図に載らない峠も多い。

「県境トレール①」と同じ県道368号で、秋里川沿いを走ること10kmで西新宿を越えた涅槃像のある峠の出発点に着く。車はネット側に停め、付近の様子を近畿自然歩道の説明板で得ながら準備を整えよう。車が複数台ある場合は、林道出合の男滝道標そばに配車しよう。

スタートは「県境トレール②」道標に従って、ネット沿いを歩き出そう。家畜の姿が見えない牧場用地を右に見て快調に進み、ネットとの離脱地点を左に折れる。すぐに畑の耕作地に出て、軽四トラックが通れるほどのダート道をのんびり気分で行く。

その先で、四面に道案内が彫られた石造道標のある峠に出る。「西・たきたに、八塔寺、東・新じゅく、佐用」、南北もそれぞれに地名が読

道標を読む

出発点の標識

める。十一名の名を刻んだ供養碑がそばに立っている。疫病で亡くなったようだ。

峠をお暇し、道向こうの道標に従い、今回のコースで一番分かりにくい取り付きに向かう。50ｍほど先で、セメント袋がそのまま固まった二段の踏み台を見つけたら、台にして山に取り付こう。急坂だが踏み込みはしっかりしているのでマイペースで頑張り、標高372ｍに立つ。

ヌタ場を飛び越える

コースは良くなり、右に雑木帯、左に人工林に挟まれた県境尾根を下って登り返しに入る。小さなアップダウンを繰り返しながら進めば、鶏舎が眼下に見える展望地に、その先のヌタ場を過ぎれば四等三角点（431・6ｍ）に出合う。記念の写真を撮ったら下りにかかり、はっきりした杣道で快調に距離を稼ぐ。

山中の秘密基地のような鶏舎

時々出合う「入会」と彫られたコンクリート製のポールに注視しながら、アップダウンの少ない雑木林を行く。足元にオフロードバイクの轍を見つけた。

次に出合う分岐は直進したくなるが、左へ取ろう。これを過ぎれば防火帯に出て、県境トレール③コースの分岐、「官公造林記念碑」へ下る道標に従う。急坂手前で左手の杣道を行けばゴールの記念碑の前に出る。

次回の再会を記念碑に約して林道を下り、配車した車に着く。

左に畑地を見ながら行く

無住だが人が住んでいそうな向坂集落

播磨・備前・美作、旧三国の境界を通る

官《かん》公《こう》造《ぞう》林《りん》記《き》念《ねん》碑《ひ》から向坂《むこうざか》へ

地図：上月 1/25000

県境トレール③

駐車場⬇20分⬇官公造林碑⬇25分⬇三角点（三国）⬇25分⬇鉄塔№49⬇15分⬇標高395m地点⬇20分⬇石組ドーム⬇35分⬇鎖ポール⬇50分⬇墓地⬇20分⬇向坂広場【3時間30分】

＊三角点向坂の往復20分含まず

仲間と複数の車で向かいたい。佐用町中心部から国道179号を西へ、そして約3・4㎞先の大日山標識で左折れする。小日山を過ぎ、国道分岐から約5・1㎞先の向坂集落広場に配車する。ここは今日の終点なのでスタート地点へは南進して大平峠から西へ県道368号を走り、すぐの変形十字路を右折れし道なりに進む。鶏舎を前にして右折し、池を過ぎた先の中国自然歩道、男滝標識そばが駐車場になる。

準備を終えたら官公造林碑まで約20分歩き、急坂の防火帯に着く。急坂を避け、脇道で県境取り付き地点に向かう。脇道を登り切って、幅5mはある防火帯を北に歩き出す。

ピークと思えないフラットな場所の四等三角点（点名・三国）に合い、小さなアップダウンの先で高圧鉄塔№49（西播東岡山線）に出合う。オフロードバイクの轍を気にしながら、さらに登って標高点395mに着く。旧和気郡の最高峰八塔寺山（536・8m）が頭一つ抜き出て存在を示している。

眺望を楽しんだら、足元が滑る急坂を慎重に下って、手入れの悪いヒノキ林の中で、ロングトレール最大

旧三国境界石組ドーム

官公造林碑

の境界石組ドームに出合う。旧播磨国・備前国・美作国の三国境界に当たるので大きな石組ドームを据えたと思われる。

記念写真を撮ったら、防火帯に別れを告げ、人工林の切り開きを下れば向坂からの作業道に合う。明るい尾根沿いの作業道をしばらく歩いたら、行き止まりを示す鎖が掛かるポールがあった。一息入れ、コースを確認して、鎖の架かるポールの右から踏み込みに入ると広い杣道になり、お勧めしないが、小さな水溜りが現れる。コースから少し外れたそのすぐ先に、雑木に囲まれた四等三角点（点名・向坂）が埋まっている。

四等三角点

元に返して、歩きやすい杣道をしばらく進めば、ここでも台風による倒木が岡山側で見られ、風の恐ろしさを改めて体感させられた。

オフロードバイクの轍が残る

杣道が右寄りに下り始めると道が細くなるが、構わず下れば、向坂集落内の墓地に出た。現在、無住である集落内の墓地が佗しく、一礼をして集落へ下って行く。家の中から今にも声を掛けられそうな気配を感じつつ歩けば、駐車場に着く。

高圧鉄塔No.49の下で

県境トレール④

地図：上月1/25000

向坂から白滝牧場を経て進む

向坂《むこうざか》から萬《まん》ノ《の》乢《たわ》へ

向坂広場↓20分↓向坂峠↓60分↓林道合流↓15分↓三角点↓40分↓白滝牧場↓40分↓林道離脱↓30分↓萬ノ乢↓20分↓駐車場【3時間45分】

向坂にて準備体操

帰路に乗り込む車は国道179号を西に走り、万能峠を越えた土居小学校上の駐車場に停める。登山口へ向かう車は引き返し、トレール③で下山した向坂の広場に駐車する。

登山準備を整え、向坂集落を抜けて③の下山地点である墓地から5分余り北北西の向坂峠に向かう。現在、峠に地蔵さんの姿はないが、痕跡を発見した。北西へ下れば美作の奥集落へ道がのびている。

向坂峠から、しばらく傾斜のきつい人工林と雑木林の県境を登る。登り切ると、小さなアップダウンがあるものの気持ちよい雑木林の歩きが続く。しばらくすると、以前は松茸山であったのだろう、テープが張られ、入山を規制した跡が残っていた。

向坂峠

ここでコースに注意して、踏み込みと境界ポールを追えば新しい作業道に出る。あとは、作業道を進んで、標高347・5mの三角点（点名・小日山）に着き、記念写真を撮ったらさらに北に進む。

牧場関係か林業関係に関わる人たちの車の轍が残る林道を進んでいると、風とともに牧場のにおいが漂ってくる。今回県境トレールで気づいたことは、鶏舎など家畜を飼う建物

白滝牧場敷地にかかる

吉備高原の雄大な山並みがのびる

は、山深い場所に建てられ、人家から隔離されていることだ。人の近くで飼われていたのに、いつの間にか人里離れてしまった。

吉備高原の山並みに白滝牧場の白い建物が溶け込み、収まって見える。牧場の敷地から抜ける地点の二差路は右に取り、しばらくスギ林を行く。途中の脇道は無視して、車の轍がのびる県境沿いを進めば、左から上がってきたコンクリート仕上げの作業道と出合う。左に下ると美作土居駅へ通じているが、今回は右に取り萬ノ乢を目ざそう。

緩いが傾斜のある作業道を進んでいたら道標のある分岐に着く。ここからは作業道を進まず、傾斜が増す人工林の踏み込みを行く。テープを追うとフラットな尾根に出る。人工林と手入れの悪い雑木林の踏み込みを進めば、尾根は下り始め、下り切ると萬ノ乢に出る。思い思いに休憩を取った後、「出雲街道コース④」と同じルートで下れば、駐車場に着く。

白滝牧場と携帯電話鉄塔

萬ノ乢で解説版を読む

ゴールは古代の美作道が抜けた峠

県境トレール⑤

万能峠《ばんのうとうげ》から杉坂峠《すぎさかとうげ》へ

地図：佐用・上月 1/25000

万能峠⬇50分⬇墓地跡⬇20分⬇大滝神社⬇10分⬇蓮花寺⬇20分⬇県境復帰⬇30分⬇大峰山⬇10分⬇庄ノ上山⬇40分⬇鞍部⬇35分⬇中国自然歩道⬇10分⬇廃村⬇40分⬇杉坂峠【4時間25分】＊杉坂峠に一台配車する

万能峠の延命地蔵尊

江戸幕府の命を受けた津山藩主森忠政が、慶長9年（1604）萬ノ乢を開削して以来、主要幹線が今も播磨国と美作国を繋いでいる。5回に分けて歩いた県境ロングトレールの最終回は中国自然歩道を含め、万能峠から、古代美作道が通った杉坂峠を案内する。

車で上月駅前から国道179号を西に向かい、万能峠の先で駐車する。峠の延命地蔵さんに道中の安全を祈念し、道向こうの標識から山へ取り付く。尾根に張られたネット沿いを行くと峠道と出合い、その先に墓地跡がある。一部残った墓石には江戸時代後期の年号が刻まれている。昔は山中で生活の糧を得ていたのだろう、縦横に分け入った気配が残っている。

大滝神社

左下に大滝神社が見えたら立ち寄り、蓮花寺集落へ向かう。蓮花寺は石垣と甍がすばらしい。本堂奥にある美作市指定文化財の枯山水庭園や

瑠璃山蓮花寺

前庭からの眺望も見る価値がある。

　寺の前の中国自然歩道標識に促され、集落上部で中国自然歩道との分岐へ着く。中国自然歩道の「杉坂峠」の指示は無視して右に取れば旧国境分岐である。ここで道標に従い、左手山道へコースを取ろう。しばらく行くと越す人が少なくなった峠に出合い、傾斜を増した尾根を登れば、行者山とか大峰山と呼ばれる、役行者像と不動明王像の祀られた小祠前に出る。昔は、と言ってもそう遠くない時代、県境を越える名もない峠で人々は交流し、花嫁さんも越えたかもしれない。

　三角点のある「庄ノ上山」を越え、広い尾根の踏み跡を追う。湿地のある鞍部を越え、登り返した先でコース唯一の急坂を立木に掴まりながら下れば、中国自然歩道標識「蓮花寺へ3・6㎞ 杉坂峠へ1・3㎞」に出る。自然歩道を行けば人の気配が消えた廃村を過ぎ、まもなく杉坂峠に着く。

　隠岐へ配流される後醍醐天皇を救出しようとした児島高徳を称える碑が立つ。出雲に繋がる古代美作道が越えたので、鎌倉時代には赤松則村が関所を置いた峠でもある。名もない峠を村人が越え、残してくれた沢山の歴史に思いを馳せ、県境歩きを締めくくった。

杉坂峠の碑

蓮花寺の里山風景

大峰山の不動明王像（右）と役行者像

西栗栖駅を経て相坂峠を越える

地図：三日月 1/25000

出雲街道コース①

千本駅《せんぼんえき》から三日月駅《みかづきえき》へ

千本駅⬇10分⬇本陣⬇10分⬇栗栖廃寺・依藤塚⬇20分⬇国道179号⬇20分⬇栗町団地⬇15分⬇西栗栖駅⬇10分⬇西栗栖小学校⬇5分⬇西法寺⬇10分⬇相坂荒神宮⬇10分⬇相坂峠⬇15分⬇下莇原⬇20分⬇弓ノ木橋⬇5分⬇弓の木⬇10分⬇本陣織田家⬇10分⬇明光寺⬇10分⬇桜橋⬇10分⬇三日月駅【3時間10分】

千本本陣跡

ＪＲ姫新線の千本駅から三日月駅へ、西栗栖駅を経由し、栗栖川に沿ったコースを歩く。スタートの千本では「栗栖廃寺跡」を訪ねる。『播磨国風土記』に見える「阿爲山《あいやま》」は現在の相坂峠だとされ、なかなかの難所である。後鳥羽上皇や後醍醐天皇が越した時代、この峠はもっと標高が高かっただろうから、その苦労がしのばれる。三日月では宿場の風情を残す昔懐かしい佇まいを案内しよう。

田んぼに囲まれ、のどかな風景が広がる千本駅前に降り立つ。静かな駅前を発ち出雲街道に向かう。旧街道筋に出たら正面に据わる立派なお地蔵さんに出会うので、今日の安全をお願いしよう。

乗ってきた列車が通り過ぎた「千

かわいらしい西栗栖駅

本街道」踏切を渡ると、土塀が続く千本宿の本陣跡・内海家の前に着く。今は邸内で手打ち蕎麦店を商っている。往時は多くの旅人で賑わったろう通りも人通りは少なく、ゆったりと栗栖廃寺跡へ向かう。昔の姿をとどめる「国重商店」前から右へ、そして浄福寺を過ぎた先に、「栗栖廃寺」の解説板がある。この土地が、山裾に甍を輝かせる大寺院が建つほど豊かだったことを、ここから出土した鬼瓦によって確認できたという。そのすぐ後ろには、多くの供養塔に囲まれた、たつの市指定文化財の「依藤塚《よりふじ》」がある。赤松満祐の家臣で、この地で自害した依藤惟次の墓だと伝え、推定される高さ170cmで西播磨最大級、室町時代前半の五輪塔という。

相坂峠のモニュメント

三日月藩陣屋門が移築されている西法寺

五輪塔をお暇して南へ下り、右折れして出雲街道をしばらく歩き、踏切を渡れば国道に出る。注意して国道を渡って栗栖川沿いを進んで再び国道を渡る。ガソリンスタンドの先で右への道を取り、しばらく行けば再び国道に出合う。約600m先で西栗栖駅案内標識を見つけ、右に入ると西栗栖駅に着く。しばらく休憩し、再び先へ向かおう。

西栗栖小学校を過ぎた先に、三日月藩陣屋門を山門に移築した西法寺がある。現在無住なので武家造りの

弓の木地蔵

山門でシャッターを切って、その先、利用者が少ないように思える踏切を渡る。相坂峠への取り付け道路への坂を登り、紅葉がきれいな相坂荒神宮に立ち寄る。いよいよ峠頂上に向かって歩き出す。

伝説の残る「弓の木」(ムクノキ)

何度も掘り下げられ現在は傾斜が緩くなったが、歩きを想定した道路ではないので傾斜はきつい。峠頂上の小さな広場に宝永(1704〜11)の年号を刻む地蔵さんが据えられていた。歩きの時代は多くの旅人を迎え送ったであろうが、今は気づく人は少ないだろう。これから先の安全をお願いして下った先には、相坂峠の由来を説明したモニュメントと小さな公園がある。

さらに下って国道と別れ、下莇《しもあざ》

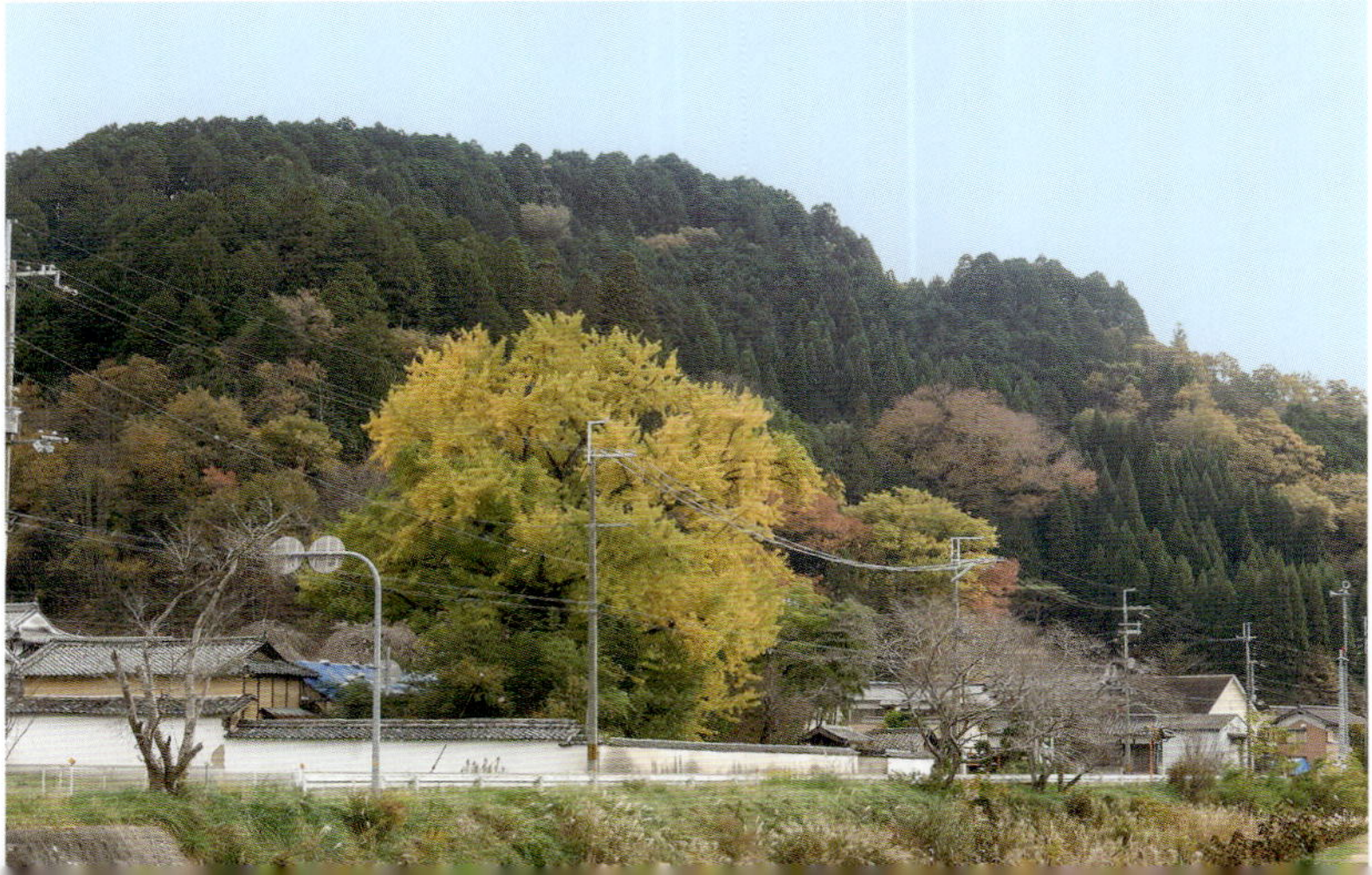
織田家を遠望する

原《はら》へ入って角亀川沿いを行く。再び、国道を渡って途中で地蔵堂に寄り、後鳥羽上皇が隠岐へ向かう途上、弓を掛け休んだという「弓の木」に向かおう。三日月宿の本陣織田家手前に架かる「弓ノ木橋」を渡る。踏切を越して突き当たりを左に折れ、道なりに行けば害獣防止ゲートがある。中に入れば兵庫県天然記念物に指定され弓の木と呼ばれるムクノキがある。幹内部は空洞だが、まだまだ力強い枝ぶりで、周囲を圧倒する大きさがあり、木の精が宿っていそうな雰囲気だ。幹そばの地蔵さんや六地蔵が風景に溶け込み、しばし魅せられてしまう。

姫新線の列車がのんびりと走る

弓の木橋まで引き返し、三日月の宿場町通りに入る。土壁の民家が残り、織田家の白壁に家紋の「木瓜紋」が軒を飾る風景に心躍る。ゆったりとした時間を感じながら、明光寺では三日月に生まれ、戦前満州で活動した軍人「河本大作之碑」に迎えられる。通りに出てしばらく行くと、道が左に折れるのを右に取り中道を行く。自然を巧みに取り込んだ庭の福仙寺を過ぎれば信号のある桜橋に出る。駅前が拡幅され綺麗になったゴールの三日月駅はすぐそこにある。

河本大作の碑がある明光寺

新宿廃寺と県指定文化財の宝篋印塔を訪ねて

出雲街道コース②

地図：三日月 1/25000

三日月《みかづき》駅《えき》から播磨《はりま》徳久《とくさ》駅《えき》へ

三日月駅↓10分↓日限地蔵↓15分↓三日月陣屋門（廣業館・列祖神社）↓10分↓味わいの里三日月↓20分↓十二世神社↓10分↓宝篋印塔↓10分↓高山古墳↓15分↓新宿廃寺↓25分↓長田地蔵尊↓10分↓安川橋分岐↓15分↓播磨徳久駅【2時間20分】

昔ながらの道幅で残る新宿街道

JR姫新線三日月駅に降り立つと、旧三日月町のシンボル三日月が三方里山から迎えてくれる。今回は出雲国、美作国、因幡国の使者が宿《やど》をとった中川《なかつがわ》の駅家《うまや》とされる新宿と、段丘の先端に礎石が並ぶ古代寺院跡を訪ね、当時の風景に思いを巡らせよう。復元なった三日月藩の陣屋門にも足を運ぶ。道すがら、列車を被写体に、春は桜、夏にはヒマワリ、秋にはソバ花を添えて写真を撮るのはどうだろう。

旧三日月町のモニュメント

「駅前信号」を渡った三日月支所前は、因幡、出雲街道が通り、江戸時代の面影を残す。左に折れ、志文川を渡る手前の右手にある「日限地蔵尊」で、本日の安全をお願いしておこう。元へ返して「新橋」を渡り右折れ、武家屋敷の区割りが残る家並みを行く。すぐに復元した陣屋門に着く。

趣のある建物を見学した後、藩主を祀った「列祖神社」に詣で、新しく県指定景観形成重要建造物に指定された「廣業館」が迎えてくれる。藩校跡の庭園を巡って白壁に挟ま

三日月駅

十二世神社の石段

れた長い石段を上がれば、杉木立に囲まれた八幡神社の拝殿に着く。社殿が見事な境内を巡ったら元へ返して、播磨守護赤松義村が選定した播磨十水の一つ「落葉の清水」に立ち寄る。ゴミが溜まり飲めそうにない名水を覗いて、「味わいの里三日月」へ向かう。

休憩し、名産を買おう。左の丘を三方里山と呼んで、幕末に外国の渡来に備え、山を造成し作った演武場は公園に姿を変えた。

味わいの里を発ち、国道に出たら右に折れ、山肌を削った通学路を行く。播磨科学公園都市への分岐「市ノ上」信号を過ぎ、しばらく国道を歩いて新宿集落へ旧道を取る。

三日月藩陣屋跡の前でルピナスが彩りを添える

ノジギク

すぐのところにある石段の先が新宿の氏神「十二世神社」である。歴史は古く、石段の中ほどに三日月藩主森長記が寄進した鳥居がある。

古代美作道の中川の駅家は、新宿あたりだと言われながら確証がなかった。その後、後背の山麓墓地から高さ140cmの宝篋印塔が見つかり、「播磨国中津河　嘉慶二年（1388）八月一九日」と刻まれていた。これで駅家がこのあたりにあったことが裏付けられた。新宿の中ほどを北に入り、害獣防止ネットを開けてすぐ左に、宝篋印塔と兵庫県の文化財であるとの解説板がある。

墓地の古さから新宿の歴史を探りながら元へ引き返し、卯ノ山峠方向に向かう。峠にかかってすぐ右の廃屋が旧大広小学校である。小学校裏の忠霊碑のそばに、この地域を治めた長の墓「高山古墳」の標識が立っていた。墓の主も段丘に聳える甍と豊かな実りを眺め続けたいと願い、この地に築かせたのだろう。

旧大広小学校校舎

引き返して国道を渡り、耕作地内の標識をめざせば、礎石が3個並ぶ新宿廃寺跡に立てる。『播磨国風土記』で「中川の里」の土地は、豊かな実りが保障される「上の下」であった。しばし当時の風景に思いを馳せたら県道に向かい、満開の桜やソバの花が似合う列車を撮影するチャンスを狙おう。

新宿の宝篋印塔

旧三日月町と旧南光町の境は、山

新宿廃寺

が迫り、夜は寂しく、狐が化かすと恐れられていた。その不安を静めるために置かれたのか「長田《おさだ》の地蔵さん」が迎えてくれる。台座には「享保八年（1723）四月二四日・天下泰平国土安全・贈 下野国平岡平左衛門」が刻まれている。霊験あらたかと聞き、一声かける。

夏はヒマワリで賑わう宝蔵寺集落を過ぎ「土井第一踏切」を渡り、志文川沿いを行く。安川橋たもとを右に折れ、米田城跡の森を見ながら小山集落中の小さな旧峠に向かう。今の消防団車庫あたりの峠の改修で地蔵さんが掘り出された。哀れんだ住民は山裾の墓地近くの民家の敷地に小祠を建て移した。昔を知る人は今も親しみを込め〝峠の地蔵さん〟と呼んでいる。小山橋を渡ればゴールの播磨徳久駅は近い。

播磨徳久駅

新宿に広がるソバ畑のなかを姫新線の列車が走る

古代の営みが見える佐用川に沿って

地図：三日月・佐用 1/25000

出雲街道コース③

佐《さ》用《よ》駅《えき》から上月《こうづき》駅《えき》へ

佐用駅⬇15分⬇まむし神社⬇15分⬇佐用城（福原城）跡⬇15分⬇慈山寺⬇15分⬇一里塚跡⬇15分⬇「速湍の里」モニュメント⬇10分⬇早瀬廃寺⬇10分⬇白山神社⬇25分⬇上月駅【2時間】

松田光司作「星の旋律」

JR姫新線唯一の地上駅、佐用駅に降り立つと、天の川を描いた天球に座って横笛を吹く少女の像が迎えてくれる。佐用都比売神社の祭神、通称「さよ姫」とも、「星の都」佐用町からイメージできる〝おとめ座〟とも思える。気づく人が少なく、少女像は少し寂しそうである。

佐用は東西にのびる出雲街道に、赤穂からの浜街道と因幡街道が結び、交差する要衝であった。古代から、人々はもちろん、文化、産物の往来で賑わったことが知られている。

少女の像に別れを告げ、佐用川に架かる「おとめ座橋」を、欄干のおとめの星座絵を見ながら越える。「病院下」信号を渡り、左に50mほど進み、吉福三宝荒神社の碑に従えば、集落中で建立間もない鳥居と質素な社に出合う。近在では「まむし神社」として有名で、毎年旧正月に行われ

佐用川を渡る姫新線列車。後ろは高倉山

る祭礼は、旧正月行事として知られ、遠く県外からも参拝がある。

神社の幣殿に蛇の絵馬が掛かるのは、医学が充分でない時代、蛇の災いを避けたいという願いを込めた奉納なのだろう。我々も今日の安全をお願いし、佐用城（福原城）跡へ向かう。

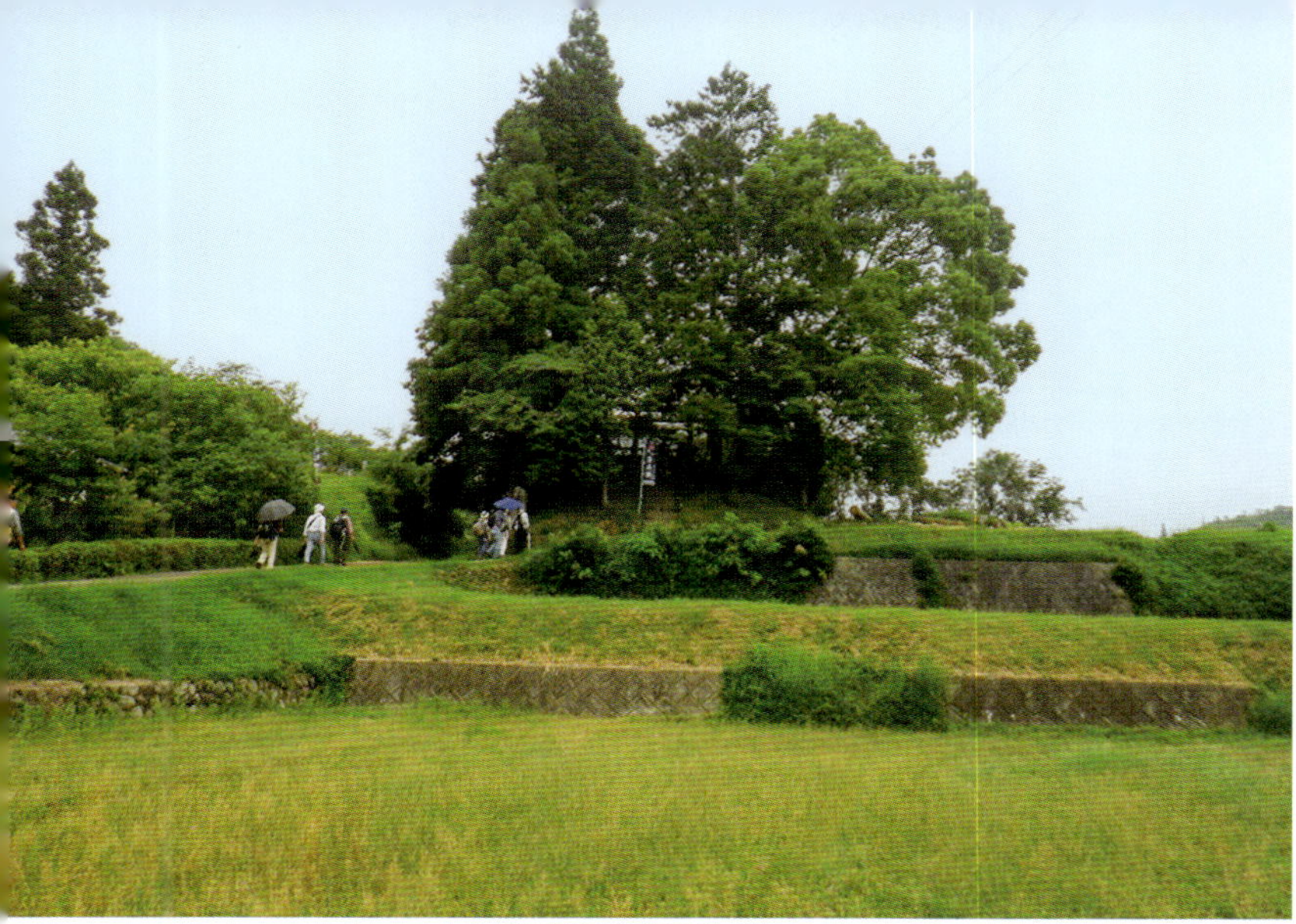
佐用城（福原城）跡

集落中の道を抜け、国道179号へ、さらに南へ向かっていると、佐用城を案内する道標に出合う。右へ折れれば、鎌倉時代末期、佐用範家が段丘上に築いたという平山城・佐用城（福原城）跡に着く。南に秀吉が陣を置いた高倉山が聳え、西に本城である上月城が見える地に、黒田官兵衛・竹中半兵衛軍が攻め入り、天正5年（1577）12月1日に落城した。現在、城跡らしい雰囲気が残る一画に、攻め落とされた城の主であった福原則尚の首級を祀る福原霊社がある。

慈山寺の一願地蔵さん

城跡を廻ったら、川向こうに甍が光る、播磨美作七福神の一つ「白雲

鳥居がまぶしいまむし神社

山慈山寺」へ向かう。佐用川に架かる「山脇大橋」を渡り、南へ進むとほどなく着く。城郭を思わせる石垣の高さと白壁の美しい境内には、一願地蔵さんが据わっていた。受験を控えた学生が訪れ、お願いをするらしい。このあたりは高倉山の登り口で、佐用城を攻める兵たちが頻繁に往来し、戦いに備えた場所でもあった。

次に向かったのは旧街道の面影を残す一里塚跡である。「浜河原橋」を渡って国道を左に取れば、左手に一本の松と「史跡・一里塚」「三代肘松植樹記念」石碑がある。

肘松の一里塚跡碑

旅人が目標の一里塚を過ぎ、国境の「萬ノ乢」めざして先を急ぐ姿が目に浮かぶような細い地道が残っていた。

再び国道に戻り『播磨国風土記』「速湍《はやせ》の里」が当地であることを記念したモニュメントに立ち寄り、国道を渡って早瀬集落へ向かう。集落には、白鳳時代創建と考えられる「早瀬廃寺跡」の塔心礎が残っている。小さな標識を頼りに畑の畦を入ると見つけることができる。早瀬廃寺の推定域

城のような慈山寺の白壁と石垣

白山神社拝殿

と接するように、廃寺の瓦を焼いたと思われる窯跡が、平成14年12月に急傾斜崩壊対策工事中に見つかった。残念ながら、今はコンクリートの擁壁で見ることができない。

次に、擁壁ネットに取り付けられた害獣防止ネットを開け、急坂の階段を登ると照葉常緑樹の杜に守られた白山神社がある。この地に早瀬城があって、上月城と共に落城したと伝えられている。日陰もあり、弁当を広げるのによいだろう。

高倉山をバックに「速湍の里」のモニュメント前にて

元に返したら、田んぼにのびる道を上月駅に向かう。前方の小丘が丸山城跡で、ここも秀吉軍によって落城している。

現在の佐用川は底を這うような流れだが、平成21年の台風9号の大雨は堤防を越え大災害をもたらした。今は堤の修復や改修が進み、目を見張るほど護岸が美しくなっている。「上月三差路」信号を渡れば「ふれあいの里上月」が併設された上月駅舎は近い。上月の特産物を販売しており、人気の農産品も多く、すぐ売り切れるとも聞いた。

上月駅舎とふれあいの里上月

芭蕉句碑もある萬ノ乢越え

上月駅《こうづきえき》から美作土居駅《みまさかどいえき》へ

地図：上月 1/25000

上月駅↓15分↓金屋橋↓20分↓力万踏切↓45分↓出雲街道入口↓35分↓万能池↓10分↓萬ノ乢↓15分↓土居小学校↓15分↓美作土居駅【2時間35分】

ＪＲ姫路駅から姫新線に乗り、ぼんやりと車窓からの風景を眺めていると、都会の喧噪を忘れさせてくれる。兵庫県西端の駅にあたる上月駅へは1時間25分で着く。駅舎には共用で農産品を販売する「ふれあいの里上月」が開設され、遠来の人の案内窓口の役割も果たしている。歩く準備をしながら、持って歩けそうな農産物のお土産を探すのも良いだろう。今回は県境越えのコースなので思わぬ出合いが待っていそうである。美作土居駅から戻る列車の時刻を事前にチェックして出かけよう。

力万で見つけた道路元標

歩き出しは信号を渡り、国道179号を越えて佐用町上月支所方向に向かう。突き当たりを左に折れ道なりに行くと、右に上月小学校・中学校がある。前方の保育園そばの細道に入り、幕山川に架かる「金屋橋」を渡り信号を越える。その先すぐの「力萬橋」を渡って旧街道に足を向けると、騒音が消え懐かしい風景が続く。

地元の人によると、佐用町合併前の上月町時代よりも前、町の中心はここ「力万」であったそうだ。小学

樫ヶ淵の古い街道

校跡の前で、村の中心を示す「西庄村道路元標」が目にとまる。近くに警察派出所、医院、役場なども揃っていた。国道が開通する以前は、白壁の蔵が残る通りをバスが走り、県境を越え林野（現美作市）までも運行していたと教えられた。今も生活道路として使われているのにほっとする。歩きの醍醐味は町なかの立ち話で、思わぬ発見や出合いをサポートしてくれるチャンスである。

萬ノ乢坂が姫新線を跨ぐ

力万集落を抜けて大日山川畔の桜並木沿いを歩き、須安橋で一度国道に出る。遮断機のある力万踏切を越え、国道が姫新線と最接近した先で右への旧道があるのでそれを行く。「樫ヶ淵橋」を渡って、再び風情を残す旧道に入り「越田和」標識の所で橋を渡り、対岸を進む。田舎でも珍しくなった地飼いの鶏がいた。いろんな種類が目に付き、ふと卵かけご飯が食べたくなった。

石灰石を採掘した鉱道跡

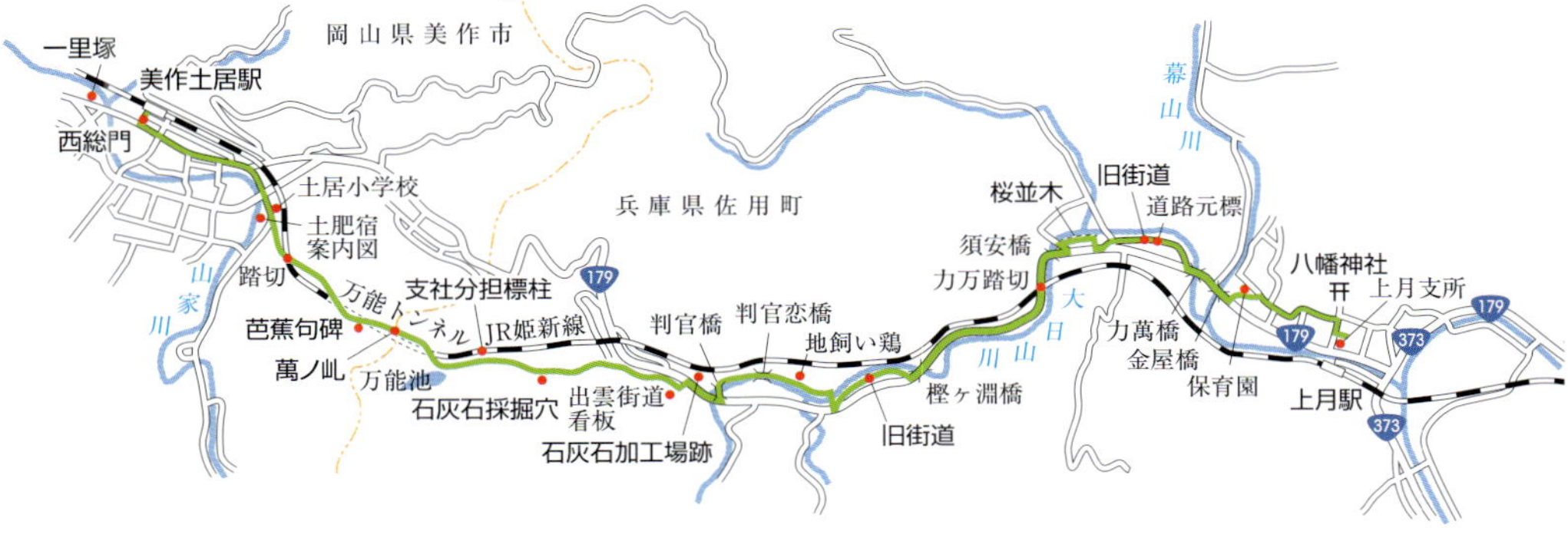

「判官鯉橋」は渡らず、先の「判官橋」向こうで国道に出る。国道を歩いてすぐの民家の石垣が白いのは、石灰石を利用しているからだそうだ。民家を建てる以前、消石灰を作る加工場があったと聞いた。純度まではよく分からないが、これから向かう萬ノ乢途中の洞窟が、石灰石を採掘した跡らしい。

萬ノ乢にかかる

支社分担を示す標柱

国道を渡った先の田んぼから山裾に沿っている細い道が出雲街道で、小さな橋の先に道標がある。出雲の殿様が駕籠で江戸へ向かったのもこの道だった。石灰石を採掘した穴がスギ林の中にあるが、落ちると上がれないので注意しよう。そうこうしているうちに線路が近づき、トンネルを出る列車に出合えるかもしれない。期待しながら歩いていると「神戸支社　岡山支社」と書いたポールを線路内で見つけた。県境を挟んで仕事の分担を示す境界標で、これも県境越えの収穫だろう。

植林が消え、明るくなった万能池で弁当にしよう。復路の列車時刻を気にしながらもゆっくり休んだら、旧播美国境まで登りを頑張り、「萬

萬ノ乢頂上で記念撮影

土居の西総門

ノ乢」に着く。岡山県側が設置した「萬ノ乢」標識は趣きがあり、人気が出そうだ。「南無妙法蓮華経」碑や芭蕉の句碑「むめ（梅）が香にのっと日の出る山路かな」が残るなど、当時の賑わいが伝わってくる。峠の地蔵さんは万能峠へ移され、今日も安全を願ってくれている。

　オープンカット工法で万能トンネルを通した先人の苦労を思いながら、峠道を下って踏切を渡る。前面に耕作地が広がり、賑やかな話し声が聞こえる土居小学校校門前で「土居宿跡案内図」に出合う。ここで宿場の概略を仕入れ、出雲街道で最重要の一つとされた宿に期待したが、タイムスリップとはならなかった。踏切そばで食べ物を売る軒の低い小さな店、駅前の料理屋であったかと思われる建物、土居駅などがあるばかりだ。唯一、駅前に復元された立派な西総門が建っている。そこから西へ5分ほどの「一里塚」跡には足を運んでおこう。

趣きのある美作土居駅

　引き返し、木造の駅舎で電車を待つ合間の時間があれば線路向こうを探検するのもいい。

このあたりで石灰石を採掘した

佐用都比売神社を訪ね平福の町並みを歩く

地図：佐用 1/25000

因幡街道コース①

佐用《さよう》の里《さと》から平福宿《ひらふくじゅく》へ

佐用駅⬇15分⬇佐用の大イチョウ⬇10分⬇佐用小学校南信号⬇10分⬇長尾廃寺跡⬇20分⬇佐用都比売神社⬇10分⬇円応寺宝篋印塔⬇20分⬇常光寺⬇25分⬇武蔵初決闘の場⬇10分⬇平福駅【2時間】

町のシンボルで県指定天然記念物の大イチョウ

大撫山東山麓の段丘に拓けた「佐用の里」は、『播磨国風土記』の時代、その地味が「上の中」と記されるほど豊かな実りがあった。奈良時代に五重塔が聳える寺院が建立され、実りと産鉄の神、賛用都比売命を祭神とする社も建てられた。東西にのびる古代美作道と、南北にのびる因幡道が交差する佐用地区。そのシンボル「佐用の大イチョウ」をスタートし、平福までを案内しよう。

静かなたたずまいの平福のまち並み

JR佐用駅から、人通りの少ない駅南を東に歩いて「佐用の大イチョ

ウ」に向かう。佐用駅を出ると、さよ姫さんをモチーフにした少女の像が迎えてくれる。線路をくぐるガードを抜け、駅南公園に出る。古い通りを東進し「前方行き止まり」標識を見て左に折れる。線路手前を右に折れガードをくぐれば、右手に「佐用の大イチョウ」が聳えている。樹齢は千年とされ、県下第2位の幹囲で兵庫県天然記念物に指定されている。近づくとその大きさが実感できる。

しばし古木の放つオーラを感じよう。次は細路を北に下った先の常徳寺に向かう。境内に、元は塔礎石だったと言われる手洗石が、一部加工されて境内に据っていた。礎石の大きさから三重塔とされ、今はない万願寺のものらしい。大イチョウも万願寺の境内に含まれていたそうだ。

寺の裏口から川底を下げる改修を終えた佐用川沿いを進んで、新佐用橋を渡り、「佐用小学校南」信号に出る。信号を渡り、佐用小学校と佐用高校との間を行けば、田んぼの中に「長尾廃寺跡」の石碑が見える。説明板を見たら田ん

祭礼の日の佐用都比売神社

佐用都比売神社の参道

ぼの畦道を通って、礎石の大きさと細工などを確認しよう。奈良時代、川沿いに広がる段丘上に五重塔が聳える風景を見た人々は、さぞ驚いたことだろう。

次に向かう延喜式内社・佐用都比売神社は、佐用高校の東通りを左に折れて、前方右手に見える杜をめざせばいい。耕作地を道なりに進んで赤色の擬宝珠を付けた橋を渡れば、神社の鳥居が見える。鳥居を潜り、手洗所で手と口をすすぎ、元禄14年（1701）に造営された本殿に、今日の安全をお願いし、境内を散策しよう。

休憩し終えたら鳥居前を左に折れて消防署前を過ぎ、佐用川を越える。車に注意して国道373号を渡り、円応寺集落へ入る。旧道を渡った先、大イブキの脇に県指定文化財の宝篋印塔がある。通り奥の小さなお堂の礎石が大きいのは、今はない円応禅寺の大伽藍に使われていたものらしい。お堂を回れば転用石に気づく。

元に返し旧道を左へ。国道に出てしばらく行くと、因幡街道を指示する道標に出合う。すぐ中国自動車道の下を過ぎて、間もなく見える右上の赤い幟が、次に目ざす常光寺である。小さな坂を登り山門前に着いて目を引いたのが「伊能忠敬宿泊之地」の石碑である。

文化10年（1813）12月23日、

平福藩の処刑地跡に立つ六地蔵尊

常光寺山門

平福の路地越しに仰ぐ利神城跡

伊能忠敬測量隊が佐用町を測量し、常光寺に宿泊したことを後世に伝えようと刻んだ石碑らしい。ちなみに、一行が前日に泊まったのは平福の本陣・新右衛門宅であった。

川面に白壁を映す平福独特の風景

　桜が植えられている山門前から佐用の風景を楽しみ、敷地の隣にある八幡神社に詣でたら、横坂峠を越え、口長谷に向かう。そのまま直進して利神小学校への道を取り、道なりに進めば小学校の縁を通って智頭急行のガードをくぐる。佐用川沿いを進めば平福の宿場町を代表する風景、川面に映る土蔵群が近づいてくる。

道の駅ひらふくの上部駐車場から
利神城跡を眺める

　「金倉橋」を渡ったら宮本武蔵初決闘の場と伝える、平福藩の処刑場跡の六地蔵前に着く。古い平福の家並みを残そうと改修が続く街道を気ままに歩く。間もなく「道の駅・宿場町ひらふく」と智頭急行「平福駅」の分岐に出る。時間が許せば、地元特産の土産を買いに左手の道の駅へ行こう。ここは利神城を仰ぎ見る好位置にある。

大イブキと宝篋印塔

因幡街道コース②

地図：古町・佐用 1/25000

武蔵揺籃の地から釜坂峠を越えて

武蔵《むさし》の里《さと》から平福宿《ひらふくじゅく》へ

智頭急行宮本武蔵駅⬇20分⬇讃甘神社⬇10分⬇宮本武蔵神社⬇15分⬇一貫清水⬇10分⬇釜坂峠⬇10分⬇釜坂⬇25分⬇県境の碑⬇30分⬇江川神社⬇30分⬇平福・佐用分岐⬇65分⬇智頭急行平福駅【3時間35分】

智頭急行宮本武蔵駅前の像

吉川英治が描いた小説で、宮本武蔵が生まれ育った村として描かれた宮本村（現美作市宮本）から、佐用へ繋がる因幡街道を辿る。鳥取藩主も参勤交代の際に通ったといわれる道を、江戸時代に思いを馳せながら歩いてみよう。

智頭急行で、播磨国から旧国境を跨ぐ蜂谷トンネルを越え、美作国へ入って初めの駅が宮本武蔵駅である。ホームからは、武蔵が育ったという静かでのどかな風景が広がっていた。駅前に降り立つと、お通と武蔵と又八の像が迎えてくれる。三人を写真に収め、現在は「武蔵の里」として

武蔵武道館

宮本川沿いの散策路

親しまれている中心部へ向かう。

途中、目を引いたのが、宮本武蔵顕彰「武蔵武道館」の大屋根である。武蔵が作った刀の鍔《つば》をモチーフにしたらしい。まず訪れたのは、大己貴命《おおなむちのみこと》を主祭神とする讃甘《さのも》神社で、今日の安全をお願いした。周辺には「五輪坊」「資料館」など見所も多いが、長い行程なので長居はせず先へ向かう。

武蔵の姉が嫁いだ平尾家の茅葺住宅、武蔵の墓がある武蔵神社に寄って釜坂峠の坂にかかる。ちょうど休みたくなるあたりに「一貫清水」が湧いている。水は飲めないが一服しよう。因幡街道は鳥取藩主が参勤交代で江戸へ向かう時にも通った播磨―因幡を結ぶ主要街道であった。傾斜は気にするほどでないが、歩けばなかなか手強い。

智頭急行智頭線の普通車両

峠頂上の竹林にある「たて場地蔵尊」は二代目で、昭和になって据え

讃甘神社

られた。今は金回りが良くなるとかでお参りがあるらしい。頂上に「お通茶屋」が設けてあった。江戸時代には鳥取藩主が休憩する建物があり、二軒の茶屋が旅人をもてなしていたそうだ。

釜坂峠とお通茶屋

　汗が引いたら釜坂集落へ下ろう。すぐに朽ちた家屋が目に付く。時世とはいえ哀れに思える風景である。集落に下りる手前で石造物が並んでいて、桜のシーズンなら写真を撮りたくなる。峠を下ると鳥取自動車道が横切っていて、田舎の風景が一変してしまった。

県指定天然記念物のスダジイ

　ここでどうしても見ておきたい大木が、蜂谷坂との合流点から上流へ１００ｍのところにある。案内板によると推定樹齢４００年、目通り６・３ｍの「スダジイ」の古木である。暖地に自生する常緑広葉樹がこの地に育つのは珍しいので、県の天然記念物に指定されている。木肌に触れ大きなパワーをもらったら、江戸時代中期に五穀豊穣を願って建てられた瑞籬《みずがき》神社に立ち寄っておこう。

今とは県境が異なること示す
境界標識

　一息入れたら平成21年の豪雨災害の復旧が進む江川《えかわ》川沿いを下って行く。春には堤防沿いが桜色に染まり、一気に華やいだ景色になる。江川川を越える鳥取自動車の橋脚下は、暑い季節には風が吹き抜け、憩い

智頭急行平福駅

の場を提供している。橋脚のそばに江戸時代は釜坂峠からこの辺りまで岡山県であったことを示す「境界標識」が復元され、「旧岡山県・旧兵庫県　管轄境界標」と書かれていた。

美作国から播磨国へ替わった地元の人々の心情を察しながら川沿いの農村風景を楽しむ。そうこうしているうちに文化7年（1810）を刻む江川神社の鳥居前に着く。趣のある鳥居なので、神社の様子が知りたくて足を向けると、素晴らしい彫りのある文安4年（1447）銘の本殿があり、県の文化財に指定されていた。絵馬堂の額も多いので一休みによいだろう。

新田坂峠の地蔵さん

再び元に返し、平谷口を過ぎると三差路に出る。直進すれば佐用の中心地だが、今回は左へ折れ、新田坂峠を越える。城壁を思わせる石垣の屋敷を過ぎると、峠の頂上で優しい表情の地蔵さんに見送られた。

峠坂を下る途中で利神城跡が姿を現した。見事な山容に見とれながら国道373号を渡る。宿場の風情を残すまち並みを気ままに歩けば平福駅はまもなくだ。

兵庫県側の釜坂峠口の春景色

日本棚田百選を巡る

地図：佐用
1/25000

陰陽師の里①

安倍晴明塚《あべのせいめいづか》から蘆屋道満塚《あしやどうまんづか》へ

安倍晴明塚↓15分↓空棚田口↓15分↓観音堂↓35分↓樺坂峠↓25分↓桜山消防ポンプ庫↓45分↓止水栓マンホール↓15分↓田和坂峠↓25分↓道満塚↓15分↓晴明塚駐車場【3時間10分】

安倍晴明塚

占いや天文などで政治や人生が決まる時代に活躍した、有名な陰陽師の塚が、佐用の大木谷にある。「安倍晴明塚」が甲大木谷に、「蘆屋道満塚」は乙大木谷に。共に家々を見下ろす高台に祀られているのは、悪霊の侵入を防ぎ、村人と対話するためだろうか。

スタート地点へは、車で、大撫山コース②（114ページ参照）と同じルートで大木谷に入り、最後の分岐は直進して道標に従えば、安倍晴明塚そばの駐車場に着く。準備を終え晴明塚に詣でたあと、先人が何代にもわたって築き上げてきた棚田を俯瞰してみよう。

晴明塚から下ってすぐの二差は右に取り、集落中を抜け県道525号に出る。田んぼを左側に見て、シャッターチャンスを狙いながら、八幡神社登り口を過ぎた先で左への道を行く。しばらく田んぼの中を進ん

観音堂

で、珍しい地名の「空」集落に入って、次に出合うT字路を左に取れば観音堂が前方右上に見える。額には「寂光庵」とあり、聖観世音菩薩が祀られている。この建物は文化13年（1816）に改修されたが、由来などはよく分かっていない。そばに五輪塔など古い石造物が集められていて、今は人々の営みは見えないが、石垣などで歴史を感じる。

ここから田和方面へ

空集落を抜けて再び県道525号に出て、樺坂への登りが始まる。坂を登るにつれ棚田のビューポイントが現れ、山裾に張り付くように家が建つ集落を行く。集落の最上部から名残の棚田風景を眺め、しばらく棚田と別れ、急坂の樺坂峠を登る。頂上は切り開かれていて、後山から駒ノ尾山をはじめとする県境の山並みを捉えることができ、疲れを忘れさせてくれる。ベンチがあるので一息入れよう。

桜山集落への下りが始まる。ここの棚田も見応えがあり、多くのアマチュアカメラマンがカメラを構えている。桜山集落の中ほどにある消防ポンプ庫を目標に歩き、ポンプ庫の

晴明塚から甲大木谷を望む

そばの桜川に架かる小橋を渡り、右への道を取る。

橋を渡る前に、元気があれば、佐用町の数少ない滝の一つ「岩肌の滝」を見に行くのはどうだろう。往復約500mほどだ。

元に返して、耕作地にのびる緩傾斜を進んだ先の人工林で、アスファルト道が切れ地道に変わる。雑木林、人工林などの中に道はのびていて、枝道に再々出合うが無視して林道を行こう。途中、小屋が残る耕作地に出合ったが、放棄されており、動物たちのグラウンドと化している。現在、歩く人がなく道が狭くなっているが、整備がもっと進めば大きなアップダウンのない楽しいコースに仕上がりそうだ。

樺坂集落上部から望む県境の山々

岩肌の滝

耕作地を過ぎた先で、止水栓を納めたマンホールがあった。いつの、誰のためのものだったのだろう。右手に、田和の棚田と家々が見え始めたら田和坂峠は近く、駐車できる広場の切り開きから北方の山々が見える。田和坂峠は大撫山へのコース、

田和の棚田風景

南へ下れば田和の棚田、北に向かえば日本棚田百選に選ばれた乙大木谷などの分岐にある。峠に田和堂と呼ぶ立派なお堂があり、石像が三体祀られている。

乙大木谷の初秋

石像に挨拶し、峠をあとにする。

日本棚田百選に選ばれている乙大木谷棚田のカメラアングルを狙いながら気ままに歩いて、先方に見える小高いピークにある蘆屋道満塚をめざそう。田植えから刈り入れまでの期間は、害獣防止の高圧線が張られて危険なので車道を歩いて、最後の頑張りで、あずまやの建つ蘆屋道満塚に着く。

田和坂峠の田和堂

空を衝き、黙して語らない塚を誰がどんな思いで建てたのか。直線距離にして約550mしか離れていない晴明塚と対峙する理由などの想像を巡らせながら、乙大木谷の風景を堪能してほしい。

蘆屋道満塚

道満塚を離れ10m余り下った先の右のゲートを開け、山道を下って瀬戸の集落を抜ける。前方に出発した晴明塚の杜が見え、道なりに歩けば駐車場に着く。安倍晴明塚に無事の報告をして帰路につこう。

小さな集落をたどる

江《え》川《かわ》から観《かん》音《のん》石《せき》仏《ぶつ》巡《めぐ》り

地図：佐用 1/25000

陰陽師の里②

江川地区文化センター↓30分↓亀ヶ逧↓15分↓砂防工事落成記念碑↓95分↓住中峠↓20分↓甲大木谷池↓20分↓八幡神社↓15分↓日裏↓20分↓明神橋↓10分↓江川地区文化センター【3時間45分】

扇の勾配を見せる石組

山里の小さな集落を繋ぎながら、今の農村の現状を知ることができるコースを紹介する。住む人も少なくなっているが、自然を畏れ敬いながら暮らす集落の営みに思いを馳せたあと、県境尾根に据えられた観音石仏を巡ろう。

佐用の中心地から江川川沿いにのびる県道２４０号を北上して、スタート地点となる江川地区文化センターに駐車する。明るい里山を眺めながら

淀川沿いの亀ヶ逧集落

歩く準備を整え、まずは県境の住中《じゅうなか》集落をめざそう。

最初に出合う豊福集落に、2014年に廃校となった江川小学校がある。子どもたちの元気な声が復活することを願い、先へ向かう。初めに出合う「甲大木谷」標識は無視して旧道を進み、県道に掛かる道路標識に従い、美作へ繋がる県道161号を行く。車の通行は稀で、淀川沿いに拓かれた小さな淀集落から亀ヶ迫《かめがさこ》集落へ歩く。扇ノ勾配をつけた石組を県道沿いに見つけた。寺か大庄屋か、立派な建物があったのだろう。

小猪伏で見つけた家紋

観音山のコバノミツバツツジ

県道を外れ、亀ヶ迫集落では山裾に張り付くように民家が連なり、耕作地を少しも無駄にしない知恵が見える。豊かであった証しの屋敷も時代と共に朽ち、使われない農具などが軒先に吊るされたままになっている。白漆喰が映える蔵を右に亀ヶ迫を離れ、住中分岐方向へ進む。分岐手前で右山裾の「砂防工事落成記念碑」をめざして耕作地の道を行く。碑文には明治39年に起工、大正5年4月完成とあり、当時としては大工事だったこ

観音石仏巡り入り口

とが分かる。記念碑の脇から山道を登れば、観音池が水を湛え、刈り込まれた道は、春になるとコバノミツバツツジでピンク色に染まる。

　これから先、池の周りに、江戸時代後期に据えられた西国三三ヶ所霊場の観音石像が設置されている。地元で観音山と呼ばれ、コースが整備されているので春にぜひ訪れてほしい。観音石像を順に巡るうち、県境尾根に着く。二七番札所・書写山円教寺の石像からすぐ上に、遮るもの一つない展望地がある。岡山県側の

観音石仏にご挨拶

高峰、冬なら那岐山が雪をまとった姿を見せている。
　しばらく休んで、標識に従って下れば害獣防止ゲートにぶつかり、外には石像と木造の阿弥陀如来を祀った小さなお堂がある。住中集落最奥の民家の庭を通って県道に出れば、住中峠（牛飼峠）はすぐ先である。峠を西に越えれば美作市宮原に通じている。
　住中集落をあとに、甲大木谷へ越える乢元に、読みにくいが「右・さよう、左・ひらふく」が刻まれた道標が立つ。「当所・有元喜代二」の名も見える。美作から住中峠を越えてきた旅人の不安げな様子を見た住中の喜代二さんが道標を寄進したの

ロウバイ

山の姿を映す観音池

だろう。
　今回は「右・さよう」に従い、乢頂上の内海河原池、次いで甲大木谷

車の往来も稀な住中峠

池を過ぎて、眼下に広がる甲大木谷の棚田を、陰陽師コース①とは違う位置で眺められる。しばらく甲大木谷を下って、八幡神社標識から長い階段を上がって神社に参拝し、裏参道で小猪伏《こいぶし》峠に出る。

小猪伏峠を道なりに下ってしまえば出発点の小学校に出るのだが、約200m下った先の二差路を右に取り、日裏に向かう。地名から、日当たりが悪く地味も良くないのかと思ったが、谷は広く日照は他所と変わらないと見えた。仁方方面へ下り、橋を渡って県道240号に出る。左に折れ、車と落石の気配がないか気をつけながら明神岳山頂の姿を探すが、姿は見えなかった。

岡山側の展望をバックに

明神橋手前の「龍田大明神」石柱は、明神岳山中にある岩穴に棲む龍を祀ったと伝えられることに因み、明神岳の由来にもなった。明神橋を渡る。昔は橋もなく、渡るには川に石を並べて対岸へ渡ったのだろう、「とび所」の名が残っている。

フキノトウ

ゴールの駐車場はその先を曲がればすぐそこにある。

佐用駅《さようえき》から大撫山《おおなでさん》へ

佐用駅↓15分↓長尾廃寺↓15分↓本谷池↓15分↓神羽神社↓30分↓山田分岐↓5分↓スターシャワーの森↓5分↓展望台↓20分↓管理棟↓5分↓三角点↓20分↓山田分岐↓25分↓山田集落↓20分↓法然上人腰掛石↓20分↓佐用駅【3時間15分】

佐用小学校と佐用高校の通り

佐用駅に降り立って見渡す町並みの向こうに、座りのよい目立つ山塊がある。これから向かう大撫山である。大撫山は、『播磨国風土記』の「鹿庭山《かにはやま》」にも比定され、日本最大級の望遠鏡を持つ西はりま天文台があり、ファミリーで楽しめる場所である。

神羽神社

佐用駅から東側の新佐用橋を渡った先の「小学校南」信号を渡り、左寄りの道を北へ向かう。佐用小学校と佐用高校の間を進み、学校を過ぎた先で「長尾廃寺」の説明板に出合う。五重塔があったとされ、その塔を支えた塔礎石を見学し、当時を思い描いてみる。

説明板まで引き返して、次は西に向かう。突き当たりを右に取り、しばらく歩いた先で、左に高速道路の

佐用川畔より大撫山を望む

大撫山の夜明け

下をくぐる道路が見えたら、そちらへ折れる。橋脚をくぐった先に本谷池が、そして右側に宗教法人天常教の建物がある。山間の小さな集落の大きな建物を過ぎ、しばらく行けば最後の民家が現れ、道もアスファルトから地道に変わる。残念ながら、周囲の田んぼは耕作されないで草が背を伸ばしていた。

大撫山は『播磨国風土記』「讃容の郡」に名がある「鹿庭山」だと言われ、「鹿庭山十二の谷あり、すべてに鉄《まがね》を出だす…」とあるうちの一つだと思われる。

地道に入ってすぐ「神羽大明神」と刻まれた常夜灯を据えた小さな社に合う。鹿庭は「かんば」とも読め、「神羽」に通じるのか。田んぼで製

広い山道を登る

スピカホール入り口の碑

長尾地区を見守る地蔵尊

錬滓が見つかっているので、古代からタタラ製錬が行われ、時の天皇に献上したのかもしれない。

歴史を感じながら、昔は荷車が通れるほどの道幅があったと思われる混在林中を進む。大雨の影響で土が流れ、石が出ている箇所もあるが、快適な登りが続き、永谷からの道に合流する。そのすぐ先で、下山路に向かう山田へのコースとの出合を右に取り、しばらく歩くと車の登山道路に出る。道向こうの「スターシャワーの森音楽堂スピカホール」の庭にあずまやがあるので、見学を兼ねて、ゆっくり時間を取ろう。

次に、晩秋から初冬にかけ発生する「佐用の朝霧」を撮影しようと朝早くからカメラマンが訪れるビューポイントに向かう。霧がたなびく山並みの先に太陽が顔を出すさまは、幻想的な中に新しい命の誕生を予感させる力強さがある。古代の人たちもこれを見て力を得、神を感じたのだろうか。

大撫山の標高 435.5m 三角点にタッチ

長尾地区を見下ろすこの展望台に、地蔵さんが祀られている。地元の人たちが篤い心で信仰しているのが伝わってきた。眺望を楽しんだあと、アスファルトの道路を約1・2km歩いたら、「西はりま天文台公園」の管理棟がある駐車場に着く。車で上がってきた人は、ここから山上を散策しよう。

大撫山山上には芝生が張られ、気持ち良い涼風と素晴らしい眺望が楽しめる。「兵庫県立大学西はりま天文台」があり、口径2mを誇る日本国内最大の望遠鏡「なゆた望遠鏡」が一般公開されている。宿泊施設もあり、自然学校や研究に広く利用さ

浄宗寺山門

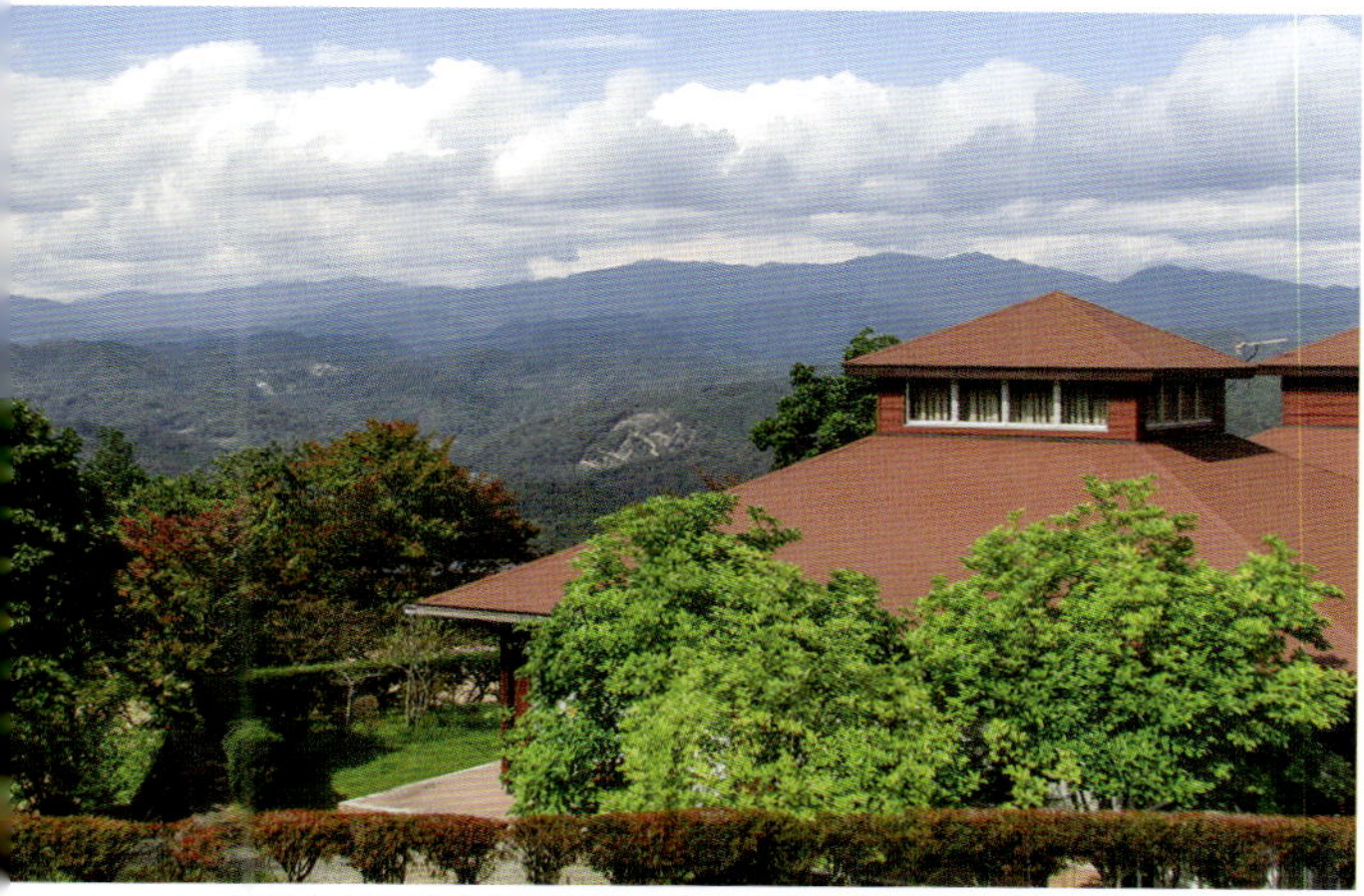

西はりま天文台公園管理棟の向こうに県境の山並みが

れている。観察会やイベントも多い。

山上の一画に、雨乞いの神さまを祀る鍋ヶ森神社がある。山麓の西河内の人たちが、雨乞い祈願や踊りをしたのだろう。山上でたっぷり時間を過ごし、去る前に天文台の建物のすぐそばの小さなピークの三角点（435・5m）で写真を撮ったら、スピカホールまで引き返そう。

道標に従い往路に出合った山田コースを下る。しばらくフラットな道が続くので、コースは外さない。集落が近くなると傾斜が増すので踏み込みをしっかり捉えて下ろう。その先の道祖神社の幣殿で気になる絵馬を見つけた。戦争に従軍し、無事帰還した記念に馬具の金具を取り付けた、大正四年の絵馬である。

法然上人腰掛石

下った山田集落では、浄宗寺前を通り過ぎ、県道365号に出たら左に取り、一路ゴールに向かう。途中、中国自動車をくぐり、「法然上人御腰掛石」に一声かけ、次の二差路を右に取れば国道179号に出る。右に取り、「病院前」信号を渡れば佐用駅は近い。

朝焼けに染まる天文台棟

大撫山コース②

地図：佐用1/25000

棚田の谷から愛宕山を経て星の山を巡る

乙大木谷《おつおおきだに》から大撫山《おおなでさん》へ

駐車場⬇10分⬇釈迦堂⬇15分⬇作業道⬇10分⬇愛宕の神⬇10分⬇作業道⬇15分⬇分岐⬇10分⬇天文台公園敷地分岐⬇15分⬇天文台公園遊歩道⬇5分⬇三角点⬇すぐ⬇方位盤《復路》管理棟⬇5分⬇作業道⬇15分⬇イチョウ畑分岐⬇10分⬇往路出合分岐⬇10分⬇愛宕山口⬇10分⬇田和坂峠⬇10分⬇駐車場【2時間30分】

大撫山からの眺め。有名な「佐用の朝霧」がかかり幻想的

水が〝生命線〟であった時代に雨乞いが行われた愛宕山を経由し、大撫山に登る新しいコースを案内しよう。また、「日本棚田百選」に選定され、西播磨最大級の棚田が広がる乙大木谷の棚田を俯瞰したい。山頂の様子や眺望は大撫山コース①に委ねることにする。

佐用町の中心地を抜け、江川川沿いに車を走らせ、道標に従い大木谷への道を取る。道なりに進んで乙大木谷と甲大木谷の分岐では、乙大木谷方面へ折れる。すぐの分岐を左へ取って、しばらく進んだ先の、ごみ収集広場が今回の駐車場になる。ほかの車の邪魔にならないよう駐車し、歩く準備を始め

愛宕山のシンボル大スギ

釈迦堂の石仏

ょう。

上流へ10m余り歩いた先の屋敷を抜ける道が登山口になる。古い因幡道であった屋敷内の道を静かに抜けて小さな峠に立つ。害獣防止ネットを開け中に入ると、粗末な造りの「釈迦堂」がある。中には彫りの素晴らしい坐像石仏が四体座っていた。

今は通る人もなく、昔を知ることはできないが、釈迦堂裏の五輪塔二基を含め、往時の賑わいを彷彿させてくれる。石像に興味のある人にはたまらないだろう。地元では現在も8月24日に、火難除け祈願に愛宕の神にお参りすると聞く。我々は今日の安全を石像にお願いして、愛宕の神を祀る山頂に向かう。

尾根沿いにのびる登山道は手入れ不足で、竹林が道を覆っていたのだが、最近このコースが整備された。安心して登ろう。途中で作業道に出合い、「愛宕山」道標に従う。傾

愛宕山

林道より大撫山入り口

斜を増した人工林をしばらく登れば、露岩に出合う。旱魃になるとお参りしたという「宝暦庚辰（１７６０）八月七日・奉供　役行者宝塔　講中」と刻まれた自然石の碑がある。小さな広場もあり、老若男女を問わず必死で降雨を祈願した様子がしのばれる。

　大岩が重なる箇所を抜け、自然石を組んだ小さな愛宕の神の祠前に出る。建立当時は遥か北に聳える後山が見えたらしいが、植林が育ち眺望がないのが残念だ。

乙大木谷西展望小屋から見た愛宕山

　一休みしたら道標に従って大撫山へ向かおう。尾根筋の踏み込みを進んで作業道へ出たら左に取り、道なりに進む。大撫山の開発をしようと作業道を巡らせ、栗などの栽培を試みたが成功しないまま放棄された跡が残り、寂しい。しばらく歩いた先で右からの道に出合うのでそれを取り、さらに進む。右手に水道施設があり、その先で右からの道と合流するがそれはやり過ごそう。そのすぐ先で右を指す道標に従う。

　西はりま天文台公園の敷地と民有地との境界を示すササ場と人工林の間の緩やかな登りを進む。歩きやすいところを選んでしばらく進めば、公園内の遊歩道が左に現れる。遊歩道に入り２００ｍも行けば、天文台施設に囲まれた小丘に、標高４３５・９ｍの三等三角点がある。

　記念写真を撮ったら眺望の素晴らしい東側へ移ろう。鳥取、岡山県境の山々から瀬戸内海まで、播磨一円

大撫山管理棟と駐車場

大撫山山頂で記念撮影

を見渡せる眺望の山頂である。

思い思いに散策をしたら下山にかかろう。管理棟裏まで下り、１００ｍ余り歩いた先の、右への道標に従い作業道を行く。途中、夏草が背をのばしていても、分け入ればすぐ消えるので気にしないで

乙大木谷の棚田

行こう。ギンナンを採取するために植えられたイチョウのある分岐に出たら、右下への道を取ろう。

間もなく往路に右折れしたカーブに出合い、そのまま「愛宕山口」標識に向かう。それをやり過ごせばアスファルトの道になり、その先の二差を右へ行けば田和坂峠に出る。

田和の地蔵さんに挨拶をして、左に見える田和の素晴らしい棚田も覗いておこう。右に開けている乙大木谷の棚田風景を堪能しながら歩けば出発点に着く。

イチョウの畑

清流千種川沿いの桜並木を追う

播磨《はりま》徳久《とくさ》駅《えき》から久崎《くざき》駅《えき》へ

地図：三日月・上月 1／25000

名水百選コース

播磨徳久駅↓5分↓小山橋↓10分↓米田橋↓10分↓旧中安小学校・「名水百選・千種川」↓25分↓多賀橋↓25分↓魚のぞき高ぼき↓5分↓石井橋↓35分↓中渡り橋↓5分↓智頭急行久崎駅【2時間】

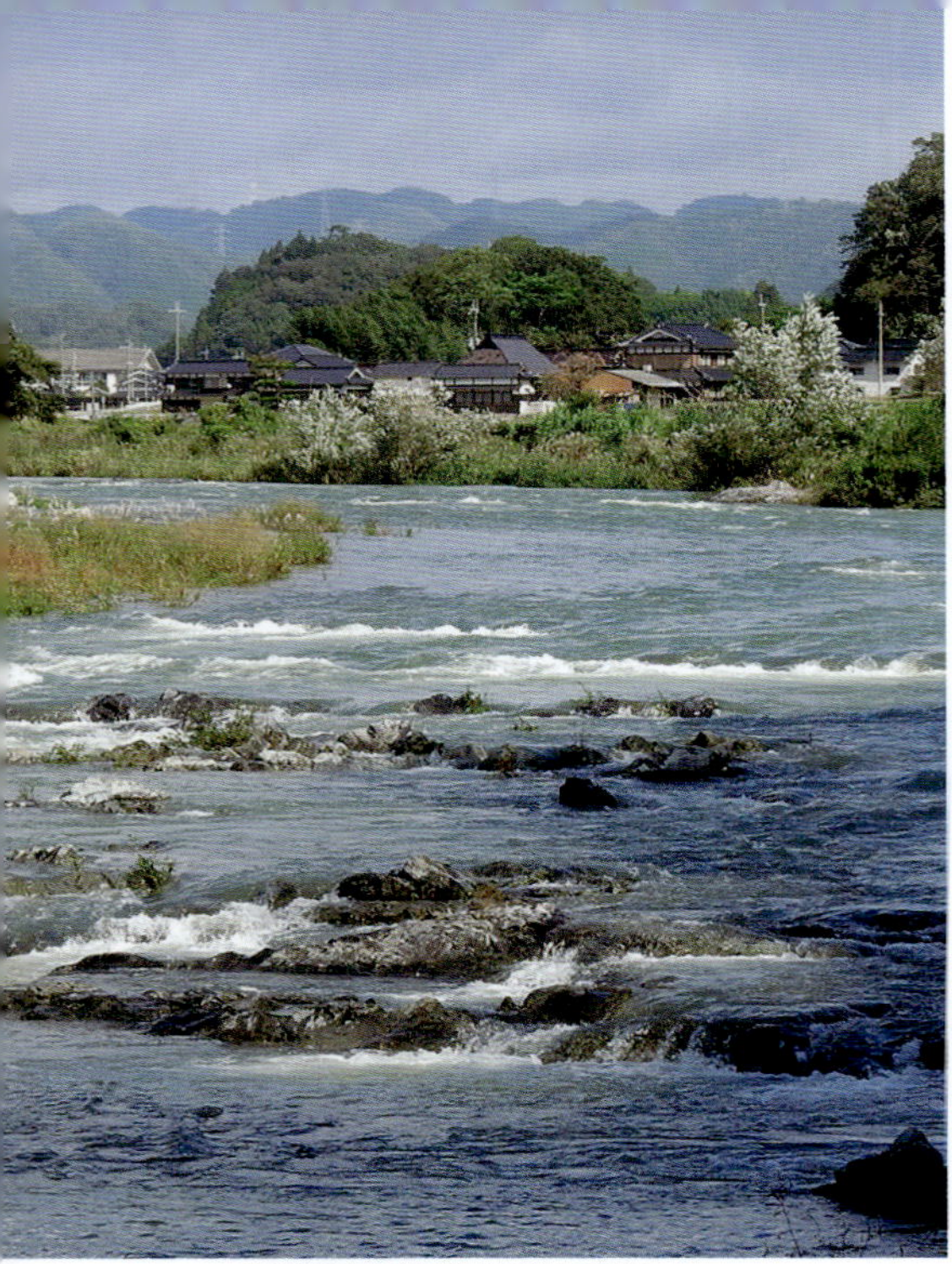

石井橋から見る千種川の流れ

姫路駅から、JR姫新線に乗り播磨徳久駅に向かう。のんびり車窓の風景を楽しめるのがローカル線の醍醐味だ。「ひまわりの里・ふれあいセンター」の看板が掛かる駅舎に降りたのは1時間後である。昭和60年に環境庁（現・環境省）が選定した「日本名水百選」に認定された千種川の、ゆったりした中流域の流れを眺めながら、河畔の桜並木を愛でるコースを案内しよう。

播磨徳久駅前に立つと10mほど先に、朝の通勤時に混雑する国道179号の「徳久駅前」信号がある。間もなく徳久トンネルが開通するので混雑解消を期待しながら駅を発った。

駅舎を出てすぐ左に折れ、坂道を下る。すぐに手をのばせば届きそうに天井が低い姫新線のガードをくぐる。千種川に架かる小山橋は渡らず、右に取り川沿いを行く。

明治百年記念植樹の碑

智頭線の久崎駅

川向こうの小高い森は、戦国時代、赤松一族の居城であった米田城の跡だが、開削され遺構の多くが姿を消してしまった。千種川の緩やかな流れと桜並木を追って米田橋を渡る。橋そばに昭和43年頃に立てられた「明治百年記念植樹」碑と桜の老木を左に見て右に折れ、護岸改修を終えた堤防の先で「忠霊塔」前に出る。

忠霊塔

広がる田んぼと河畔の旧中安小学校校舎の風景に、日本の原風景を見る気がする。現在、小学校に生徒はいないが、併設の中安保育園から元気な声が聞こえてくる。子どもたちが座ったサークル状の椅子で一休み。

このあたりは志文川《しぶみがわ》と千種川に挟まれるので「中島」と呼ばれ、橋が架かる以前は「中の渡し」という渡しがあった。

小学校をお暇し、中島橋のたもとで「全国名水百選・千種川」ポールを見つけた。橋上から名水に指定された綺麗な流れを覗いてみる。底石に砕ける流れは澄み、名水百選に相

千種川を挟んで米田城跡

応しい清らかさだった。

　橋を渡らず、県道を50ｍ余り南進して、右手田んぼにのびる道を西へ道なりに歩いて志文川に架かる坂田《さこだ》橋を渡る。平成21年の台風で千種川と志文川の激流がぶつかり、合流点の護岸を崩した。その改修を終えたコンクリートの護岸がまぶしい。

　上月城攻めに参戦した羽柴秀吉軍が本陣を置いた高倉山が正面に聳える。この戦いで赤松一族が築いた川沿いの米田城はじめ、多くの城が落城している。坂田集落と耕作地境を道なりに進んで山裾のネットを右折れして、外へのネットを開けば改修を終えた護岸に出る。

緑濃い桜並木もいい

　このあたりは川底が浅く、露岩が流れを裂き瀬波が立つ景勝地である。山裾の岩が削られ水路がのびている。これは高度差を利用して下流の門脇の田んぼを潤す流路で、人々の苦労がしのばれる。その先、川の中に旧多賀橋が残る。建設が進む新多賀橋の橋脚との対比は歩きならではの景色だろう。

高ぼきを行く

　時間があれば多賀八幡神社へ立ち寄りたい。佐用町指定天然記念物の

志文川に架かる坂田橋から高倉山を望む

イチョウとケヤキがある。橋を渡れば菰田から瓦坂峠を経て高倉山城跡へ通じ、峠を越えれば佐用の山脇へ通じている。

千種川沿い、櫛田の桜並木（井関一文氏提供）

建設中の多賀橋を見て、改修を終えた堤防を行く。途中の「播磨園」先で「南光浄化センター」そばを通り、害獣ネットに出たらゲートを開け外に出る。この辺りを「魚のぞき高ぼき」と呼んだ。山が迫る淵に棲む魚がよく見えたことからこの名がついたらしい。一部改修されたが、今も昔そのままの山を削った道と、山を貫通した水路が櫛田の田んぼへのびている。櫛田の人々の汗と涙の結晶であると同時に命の水でもあった。この水路は江戸時代の元禄期文書の中に「魚のぞき」と書かれているほど古いらしい。

露岩がのぞく川面や山が迫る田舎の風景をじっくり目に焼き付け、石井橋に向かう。今回の見所の一つで、シーズンを通して、満開の桜や、葉桜と千種川、黄金の田んぼと紅葉の桜並木などを見ながら散策が楽しめる。桜の堤防を下って工場に出合い、道なりに進めば、ほどなく川向こうに智頭急行久崎駅が見える。中渡り橋を渡れば駅舎はすぐそこにある。

旧石井橋の基礎

佐用町観光スポット＆佐用の味

佐用エリア

大撫山の朝霧

晩秋から冬にかけて、早朝に見られる「佐用の朝霧」は、町全体をおおい、その幻想的な美しさで全国的に知られています。特に大撫山山頂から見る霧の海はとても神秘的。撮影スポットとして多くのカメラマンが訪れます。

佐用町西垣内地内
☎ 0790・82・0670 町商工観光課

兵庫県立大学西はりま天文台

世界最大級のなゆた望遠鏡を備え、宿泊者には毎夜観望会が、日帰りの方には日曜に誰でも参加できる一般観望会が開催されています。

佐用町西垣内407・2
休 第2・第4月曜　年末年始
☎ 0790・82・0598

佐用の大イチョウ

町のシンボルである大イチョウは県の指定天然記念物。特に黄葉の時期は見事です。

佐用町佐用地内
☎ 0790・82・0670 町商工観光課

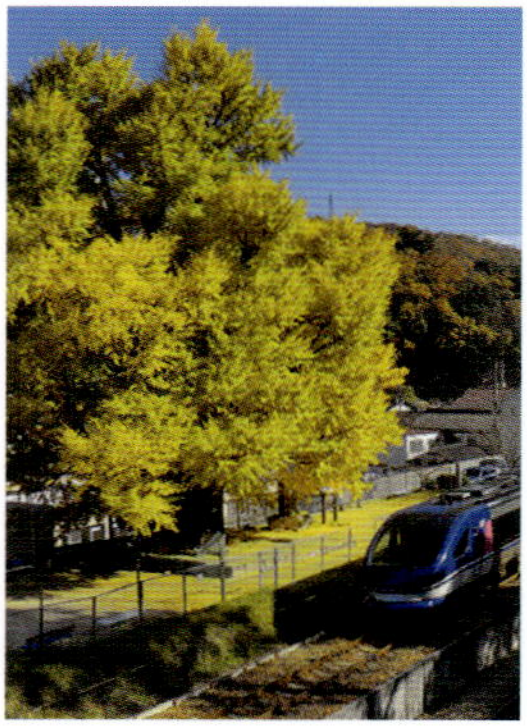

乙大木谷の棚田

約千枚の広がりを見せる棚田は、農林水産省の「日本の棚田百選」に認定され、四季折々に美しい表情が見られます。特に秋、黄金色に彩られた棚田の風景は見ごたえがあります。

佐用町大木谷地内
☎ 0790・82・0670 町商工観光課

平福エリア

宿場町　平福

因幡街道随一の宿場町。街道に沿う町並みは、昔ながらの姿を留めています。連子窓、格子戸の平入りの家々、佐用川の石垣上に並ぶ白壁の川座敷・土蔵群は平福ならではの景観です。

佐用町平福地内
☎ 0790・82・0670 町商工観光課

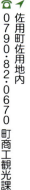

道の駅　宿場町ひらふく

国道373号沿いの、宿場町平福にあり、地元の工芸品・特産品やお土産が買えます。お食事や休憩、観光の拠点として利用できます。

佐用町平福988・1
8時30分～19時
休 水曜（祝日の場合は営業）
0790・83・2373

平成福の市

道の駅構内にあり、佐用町の特産品や地元の農家が育てた、新鮮で安全な野菜を買うことができます。特産のあさぎり茶のサービスも。

佐用町平福988・1
冬期 9時～15時30分　夏期 9時～17時
休 火曜　年末年始
0790・83・2411

みどりの健康舎ゆう・あい・いしい

廃校となった小学校跡に建設された、趣きある宿泊施設。夏はバーベキュー、冬は鍋が味わえます。ドーム(雨天体操場)、体育館が隣接し合宿・会議にも利用できます。

佐用町上石井764・1
泊 チェックイン16時・チェックアウト10時
休 第1火曜　年末年始
0790・85・0100

ふれあいの郷　みうち若杉館

中国自動車道山崎又は佐用ICから約10分。昔ながら方法でおいしいこんにゃくを作っています。こんにゃく作り体験も可能(要予約)。

佐用郡佐用町海内63
8時～17時 休 日曜
0790・85・0003

南光エリア

ひまわり畑

時期と場所をずらして合計約120万本のヒマワリが咲き誇ります。7月中旬～下旬、南光スポーツ公園周辺でひまわり祭りが開催されます。

佐用町南光地域
開花時期 7月上旬～8月上旬
0790・82・0670 町商工観光課

南光自然観察村

オートキャンプも可能なテントサイトや宿泊用コテージ、グループで泊まれるキャビン棟、浴室棟などを備えたキャンプ場。ツリーハウスやフィンランドサウナなど設備も充実、ファミリーに最適です。

佐用町船越222
受付 8時30分～16時30分 休 年末年始
☎ 0790・77・0160

南光ひまわり館

ひまわり油の製造と、ひまわり商品を中心とした特産品の販売・喫茶軽食コーナーのほか、餅の加工も行っています。

佐用町船越232-1
8時～17時15分
休 月曜（祭日の場合は翌日）
☎ 0790・77・0766

三日月エリア

三方里山公園

幕末に三日月藩が演武場として造成したところで、現在はその史跡を保存する一方、公園として整備され、休みの日には変り種自転車などの貸し出しがあります。

佐用町乃井野地内
☎ 0790・79・2001 三日月支所

味わいの里三日月

地元の新鮮な野菜、特産加工品の販売と、新鮮な地元の素材を生かした素朴な味が楽しめます。そば打ち、こんにゃく作り体験も(要予約)。

佐用町乃井野1266
9時～17時30分 休 火曜
☎ 0790・79・2521

上月エリア

上月歴史資料館

戦国時代、織田軍・毛利軍の激しい戦いの地となり、山中鹿之介の最期の地として知られる上月城。戦の歴史を展示する当館は登山口にあります。早瀬の土人形や町内の城跡の展示も。

佐用町上月373
10時～16時
休 土・日・月曜・祝日 年末年始
☎ 0790・86・1616 開館日のみ
0790・82・2424 佐用町教育委員会

ふれあいの里上月

JR姫新線上月駅に併設した直売市では、もち大豆製品をはじめ ブルーベリー製品や地元農家の朝採り野菜が買えます。

佐用町上月529・4
9時～17時30分 休 火曜
☎ 0790・86・8005

笹ヶ丘公園

約800本の桜が咲く名所で、広場やアスレチック遊具、約100mの滑り台ビッグスライダーなどがあり、家族で楽しめます。

佐用町円光寺423・11
休 不定休（笹ヶ丘荘）
☎ 0790・88・0149 笹ヶ丘荘

町営笹ヶ丘荘

千種川と山々に囲まれた笹ヶ丘荘。旬の味を生かした会席料理、冬には各種鍋料理が味わえ、食後はミネラルをたっぷりと含んだ富士山溶岩風呂でゆったりとくつろげます。入浴のみでも利用可。ログハウスもおすすめ。

佐用町円光寺423・11
11時～20時
11時30分～（ラストオーダー18時30分）
泊 チェックイン16時　チェックアウト10時
休 12月30日～1月1日
☎ 0790・88・0149 笹ヶ丘荘

飛龍の滝

滝中央部あたりの岸壁が突出し、水の流れに変化があるのが飛龍の姿に似ていることから名づけられたそうです。

佐用町櫛田地内
☎ 0790・82・0670 町商工観光課

佐用の味

しかコロッケ

鹿肉は、低カロリー・低脂肪・高タンパクであり、鉄分・ミネラルが豊富。「しかコロッケ」は癖もなくあっさり食べられるので、気軽に食べられます。

ホルモン焼きうどん

佐用名物ホルモンうどんは、牛ホルモン（ミノ、シンゾウ、レバーなど）と野菜を鉄板で炒め、うどんとだし汁を入れて焼き上げます。つけダレで食べるのが佐用ならではの食べ方で、つけダレは各店それぞれの味があります。

さようヒマワリ地鶏

地元産のヒマワリの種を餌にした「ヒマワリ地鶏」は、佐用町商工会と町内の飲食店で組織した食文化研究会が佐用高校の協力を得て開発。ビタミンEが豊富で、旨みが増しています。町内7つの飲食店で展開。量が少ないので、お店に確認を。

☎ 0790・82・0670 町商工観光課

あとがき

兵庫県は旧国の五国（播磨、摂津、丹波、但馬、淡路）から成り立っている。その中にあって播磨は県域の43%を擁し、中国山地から瀬戸内海に浮かぶ家島群島まで、とてつもなく広い。広過ぎるので、播磨南西部、播磨北西部、播磨南東部、播磨北東部に分けるのが一般的である。

佐用町は、播磨南西部の北部に位置する人口1万8千人の町である。平成17年、佐用郡に属していた三日月町、南光町、佐用町、上月町が合併して新たに佐用町が発足した。それから10年が過ぎようとしているが、広く県内外に「佐用町」を認知してもらったかと言えば、まだまだだろう。そこで、豊かな自然や史跡・施設など町の紹介を「ハイキングコース」に取り込み、ハイカーを呼ぶことにした。

この計画に賛同し協力してくれる人を、町内外から広く募り、総勢20名の「佐用ハイキングコース選定の会」が平成25年5月に発足した。それ以来、会員の献身的な協力で40回に余る選定、整備に入り、それが実って佐用を紹介する『佐用ハイキング　34コース』の出版となったと自負している。

本書では、町内の中央部を走るJR姫新線を利用し、昔の人が旅した美作道（因幡道）を繋いで「駅から歩いて、昔を誘う」と紹介した。町域の北に1000mを超える日名倉山が聳えるが、概して吉備高原からのびる500m前後の山々を魅力あるコースに仕上げ、清流千種川畔も歩いた。『播磨国風土記』に名のある地、星の山大撫山、そして赤松一族にゆかり深い山城を、〝佐用の誇り〟として多く取り上げた。岡山県との県境をロングトレールに、棚田と共に人々が暮らした小さな集落を訪ね、陰陽師の里コースに仕上げた。

これらのコース選定で苦慮したのは、想像以上の里山の荒廃である。そして二度にわたる台風による山荒れでコース作りに苦しんだことを付け加えたい。

これからぜひ、この本を手に、多くのハイカーにシーズンを通して訪れてほしい。佐用町のファンを増やしたい。町民の皆さんが気持ち良く迎えてくださるだろう。

最後に、現地調査に協力くださった地元の皆さん、資料を提供くださった方々と、雑多な作業を引き受け、アドバイスくださった株式会社神戸新聞総合印刷出版部の西香緒理さんに心より御礼申し上げたい。

平成27年　春四月〝花まつり〟の日に

佐用ハイキングコース選定の会

代表　須磨岡　輯

佐用ハイキングコース選定の会（50音順）

稲葉淳一、大上　武、大橋正毅、岡本憲一、門元誠和、
上谷正俊、木村政照、川嶋由香里、小林優子、佐々木政夫、
須磨岡輯（編集代表）、多加政廣、東口仁朗、橋本善行、
福井正春、宮本博史、村上英雄

デザイン　菅谷領司

佐用《さよう》ハイキング 34 コース

2015年5月25日　第1刷発行

編著者　佐用《さよう》ハイキングコース選定《せんてい》の会《かい》
協　力　佐用町
発行者　山下 俊一
発行所　神戸新聞総合出版センター
〒650-0044 神戸市中央区東川崎町1丁目5番7号
TEL 078-362-7140　FAX 078-361-7552
http://www.kobe-np.co.jp/syuppan/

印　刷　株式会社 神戸新聞総合印刷

ISBN978-4-343-00851-0　C0075